Mama cool

MARIE-JULIE GAGNON

Mama cool

Illustrations de COLONEL MOUTARDE

Michel LAFON

DU MÊME AUTEUR

Embarquement immédiat, des pistes et des ressources pour les jeunes voyageurs de 18 à 35 ans. Stanké, 2004.

Cartes postales d'Asie : instantanés de voyages. Mémoire d'encrier, 2007.

7-13, boulevard Paul-Émile-Victor – Île-de-la-Jatte
92521 Neuilly-sur-Seine Cedex
www.michel-lafon.com

À Trésor et Chéri,
mes deux plus grandes inspirations.

À Super-parrain et Super-Marraine.

À mes parents que j'adore
et admire énormément,
malgré nos différences.
Merci d'être là !

PRÉFACE

Les cinq commandements de la Mama Cool

1) Toi-même tu resteras. Même si les sorties mondaines se font plus rares, si les poils sous vos bras pourraient servir à confectionner une chapka et si des inconnus vous félicitent pour la nouvelle grossesse alors que vous avez accouché il y a six mois, pas question de devenir un clone du parent type. La vie en kit, livrée avec un mode d'emploi comme chez Ikea ? Jamais !

2) Tes « crises de superficialité » tu assumeras. Devenir mère entraîne une prise de conscience sur plusieurs plans. Oui, la vie prend un nouveau sens. Mais ce n'est pas une raison pour devenir un bonnet de nuit.

3) Tes convictions tu respecteras. À la vue de votre ventre arrondi, de purs inconnus autant que les gens de votre entourage s'auto-investissent d'une mission de la plus haute importance : vous faire connaître LA vérité.

Rien de moins ! Car bien sûr, ils la détiennent tous… Ça se gâte encore plus quand bébé est là. Vous dit-on comment tondre votre gazon ou vous laver les dents ? Alors qu'ils gardent leurs commentaires sur l'allaitement, les purées commerciales et les gâteaux qu'on s'envoie en cachette pour se donner du courage.

4) Le monde tu exploreras. En poussette, en sac à dos, sac ventral, à pied, à dos d'âne ou en navette spatiale, oui, il est possible de voyager avec un bébé !

5) Ton instinct tu suivras. D'autres questions ?

LE NOMBRIL VERT

Sept mois de grossesse. J'attends patiemment mon tour à la clinique. Après avoir consulté plusieurs magazines de mode datant du précédent millénaire, je pénètre enfin dans le bureau du médecin.

Elle : – Comment allez-vous ?

Moi : – Très bien. JE SUIS ENCEINTE ! *(Je ne perds pas une occasion de le clamer, même si mon état est bien visible.)* Par contre, il se passe quelque chose d'étrange au niveau de mon nombril. Il y a de cela plusieurs années, je l'avais fait percer, mais j'ai dû enlever le bijou quelques mois après parce que l'infection était récurrente. Eh bien, cinq ans plus tard, voilà que la plaie se remet à cracher du pus.

Elle (impassible) : – Venez, je vais vous examiner.

Pendant que je pense aux mille et un messages métaphoriques que mon corps tente de m'envoyer (« Tu vas avoir un enfant, il est temps de cesser de te regarder le nombril ! » « Allez, désinfecte-moi cet ego ! » « Soigne les vieilles plaies résultant de la coupe du cordon avec ta propre mère avant d'en devenir une ! »), elle scrute mon nombril rouge, enflé et suintant.

Après un moment, je décide de meubler le silence.

Moi : – Ma grossesse se passe merveilleusement bien. Je n'ai aucun des désagréments habituels des femmes enceintes.

Elle : – ...

Moi : – Moi, je subis plutôt les conséquences de mes gestes d'adolescente. *(Rire.)* Je n'aurais jamais pensé qu'un piercing pourrait s'infecter des années plus tard !

Elle : – ...

Moi : – Même pas née et ma fille me remet déjà mes « erreurs de jeunesse » sous le nez ! *(Rire exagéré.)*

Elle : – ...

Moi : – Avez-vous des enfants ?

Elle : – Oui, un fils.

Moi : – Quel âge a-t-il ?
Elle (en griffonnant une prescription) : – Bientôt vingt ans.
Moi : – Vingt ans ! Wow !
Elle : – C'est quelque chose, mettre un enfant au monde. J'étais tellement insouciante, même si je l'ai eu tard ! Ce n'est qu'une fois rendue à l'hôpital que j'ai pleinement pris conscience des risques de l'accouchement.
Moi : – ...
Elle : – On peut y laisser sa peau !
Moi : – Heu... Mais... Les femmes accouchent depuis la nuit des temps ! Et puis, j'ose tout de même espérer que les risques sont encore plus minimes aujourd'hui qu'il y a vingt ans...
Elle : – Mais il y a TOUJOURS des risques !
Moi : – ...
Elle : – Voilà *(elle me tend une prescription)*. Appliquez cette crème quatre fois par jour. Bonne chance !

Je n'ai jamais très bien su si elle me souhaitait de la chance pour mon nombril ou pour mon accouchement. Une chose est sûre cependant : ce jour-là, j'ai pris la ferme résolution de ne plus jamais chercher à faire la conversation dans un cabinet de médecin !

MONTÉES DE LAIT

– Il devrait vous aller, vous n'avez pas de poitrine.
Je suis dans une chic boutique de maternité parisienne, enceinte de sept mois et demi, et j'ai une poitrine *(est-ce clair ?)*. Je tends à la vendeuse le maillot de bain que je m'apprêtais à aller essayer.
– Il devrait m'aller, mais vous pouvez vous le mettre où je pense.
Je n'ai évidemment pas dit ça. Je suis plutôt repartie le menton en l'air et les épaules vers l'arrière, avec une « Pamela Anderson attitude » qui m'aurait certainement valu un Oscar si j'avais été nominée dans la catégorie de la meilleure actrice dans un rôle dramatique *(ou comique, selon le point de vue d'où l'on se place)*.

S'il y a des femmes qui se sentent moches enceintes, cela n'a résolument pas été mon cas. Pendant neuf mois, j'ai senti que « j'habitais » mon corps comme jamais. De plus, j'ai dû troquer les bonnets « A » pour des « B » en cours de route – *a dream come true !* – *(c'est bien le seul domaine où ne plus avoir de « A » pouvait me réjouir)* et je ne me suis pas gênée pour offrir à l'humanité entière un aperçu
de cette petite (r)évolution.
Mes nouvelles courbes et moi, on s'est baladées sur l'avenue Mont-Royal moulées dans de petites robes ultraféminines. Le hic, c'est qu'il semblait que j'étais la seule à le voir, ce décolleté « pigeonnant ». J'avais beau avoir de plus gros seins, c'est mon ventre qui attirait d'abord les regards. Je venais à peine de dépasser le stade « Est-elle enceinte ou seulement grosse ? » que Petit Trésor était déjà le centre d'attention !

– T'as mal quelque part ? me demande Chéri.

Montées de lait

Je porte un nouveau t-shirt avec une encolure en U. Comme il semble n'avoir rien vu, je me penche « subtilement » – pas trop –, juste assez pour qu'il ait une vue imprenable sur la vallée du bonheur.

– Non, tout va bien, dis-je en serrant les bras contre mon corps pour créer un effet plus saisissant.

Devant son absence de réaction, je rapproche un peu plus mes bras et ramasse un objet imaginaire sur le plancher,

à trente centimètres de son visage.

Il éclate de rire.

– Tu t'entraînes pour devenir culturiste ou quoi ?

– Mais non ! T'as rien remarqué ?

– Quoi ? T'as encore changé de couleur de cheveux ?

Là, je suis sortie aussitôt m'acheter un milkshake au chocolat *(on se soûle avec ce qu'on peut)*, le menton en l'air, les épaules vers l'arrière, et j'ai recomposé ma « Pamela Anderson attitude ».

– En passant, on voit toute ta poitrine dans ce t-shirt ! m'a crié Chéri au moment où je refermais la porte…

L'ACCOUCHEMENT

Un vendredi 13, peu après l'heure du last-call dans les bars du voisinage.
– Chéri, ça y est, j'ai crevé mes eaux !
J'ai tellement anticipé la scène que je sais que c'est le signal. Réveillée par le liquide chaud qui coule entre mes jambes, je comprends rapidement qu'il faut nous rendre à l'hôpital. Ce que nous faisons sans attendre.

Une fois sur place, l'accueil nous laisse pantois.
« Envoyez-nous n'importe qui, même si elle n'a aucune expérience ! »
Ça commence bien.

Nous sommes devant le local des infirmières depuis un bon cinq minutes et la préposée n'a toujours pas levé les yeux, agrippée à son téléphone d'un autre siècle.
– Je m'excuse, je pense que je vais accoucher, me risqué-je.
On nous installe dans une chambre. Je pose mon iPod sur ses nouveaux haut-parleurs, achetés exprès pour l'événement, et sélectionne la liste « Accouchement ». La voix chaude de Norah Jones nous enveloppe.
Douze heures plus tard, ma compilation de musique planante joue toujours, et je ne ressens pas la moindre douleur. J'ai visualisé le signal de départ des centaines de fois, mais j'ai oublié d'imaginer la suite !
– Il va falloir vous provoquer, m'annonce la gynéco.
– Vous êtes sûre qu'il faut que j'aie des contractions ? Je veux dire, peut-être suis-je une exception de la nature ? Et puis, ça fait un mois que je m'entraîne à être zen…
Quatre semaines à consacrer toutes mes énergies à me calmer. Entre le yoga, l'acupuncture, l'ostéopathie, l'autohypnose et la pensée positive, j'ai forcément développé un côté surhumain.

je Veux L'épidurale !!

– Non, il FAUT que ça fasse mal, insiste la gynéco.
Ma mère débarque en catastrophe, dépêchée de mon Lac-Saint-Jean natal, et tente de donner envie de sortir à bébé en me massant les pieds. Au point où j'en suis, j'accepte sans broncher. Et puis, ça fait un bien fou de se faire dorloter ! La doc nous accorde un sursis.

17 heures.
– Ça y est, on vous injecte du Pitocin.
20 heures. Je virevolte dans les corridors en me disant que Petit Trésor sera bientôt là. Quoi qu'ils en disent, la douleur, ce n'est pas pour moi, na !
– On augmente la dose, glisse subtilement la docteure à l'oreille de l'infirmière.
23 heures…
Minuit…
1 heure…
– Oubliez tout ce que j'ai dit *(hurlements)*, JE VEUX L'ÉPIDURALE !
Mon homme, bon acteur de soutien jusque-là, passe au rôle parlant.

– Quoi ? Tu veux dire que ça fait des semaines que tu m'obliges à écouter des MP3 d'autohypnose pour rien ?

– *(Hurlements.)* Je n'en peux pluuuus !!!

En attendant l'anesthésiste, je pose mon *(gros)* derrière sur un ballon. Comment suis-je supposée respirer, déjà ?

– On va pousser, annonce l'infirmière vers 2 heures du matin. Pas le temps d'attendre la péridurale.

Assise dans un coin, ma mère fulmine parce que sa fille n'aura pas d'accouchement « naturel ».

Moi je me dis qu'au moins, mon trésor ne naîtra pas un vendredi 13.

Chéri joue les coachs comme s'il avait fait ça toute sa vie *(les leçons d'autohypnose ont sans doute porté leurs fruits, malgré ce qu'il en dit)*.

– Allez, on pousse, on pousse, on pousse ! Bravoooo !

– Regardez ses cheveux ! s'exclame la gynéco après trois mille ans d'efforts *(et c'est loin d'être fini)*.

La doc, mon homme et ma mère font des « Ooooh », penchés devant ce qui avait été, jusqu'à ce jour, l'antre du plaisir.
– Heu, je m'excuse, puis-je continuer à ACCOUCHER ?

Après deux heures quarante-trois minutes de poussées intenses, un bloc honteux et une épisiotomie, Petit Trésor expose son abondante chevelure – et le reste de son corps – au monde. Mes premiers commentaires, alors qu'elle pousse ses premiers vagissements :
À haute voix : – Qu'elle est beeelle !
Dans ma tête : – Pourquoi ma progéniture arbore-t-elle des favoris et des oreilles d'elfe ?!
Pas de doute, cette fillette sera un être d'exception !

REGGAE BABY

J'ai tout essayé. Les cent pas entre la chambre et le salon, les berceuses chantées en boucle *(d'ailleurs, quelqu'un peut-il me dire pourquoi on s'acharne à « sonner les matines » et à « battre le briquet » ?)*, la musique classique, Jack Johnson. Mon Petit Trésor né il y a déjà deux mois dort quand ça lui plaît, et pas forcément la nuit. Ce n'est pas un bébé, c'est un petit lapin Energizer ! Elle ne tousse pas, elle TOUSSE. Idem pour les pleurs. Elle fait tout avec ce petit supplément d'âme propre aux *drama queens*. S'assoupir en se faisant bercer ? Pfff ! Beaucoup trop relax. Depuis sa naissance, elle ne daigne fermer l'œil que si je sautille d'une pièce à l'autre. Notez, ça me permettra peut-être de perdre les dix-huit kilos accumulés pendant ma grossesse. Maman fait une pause ? Et vlan dans les

PAUSE

tympans ! Si ses futurs mots sont aussi puissants que ses cris, pas de doute, ce sera une sacrée oratrice. Pourtant, chaque fois que nous mettons le nez dehors, ma tempête tropicale se transforme en bébé modèle. Elle observe le monde en silence, avec détachement, comme si elle avait déjà tout vu, tout analysé, tout compris. Elle sourit aux gens qui se penchent pour la saluer, leur fait les yeux doux, pousse même quelques petits cris de bonheur. Et elle dort paisiblement ! Un ange. Jamais elle ne laisse poindre le côté sombre de sa force. Tout au plus, elle exige que maman fasse quelques pas de danse au resto entre deux siestes. Mais le problème reste entier une fois de retour à la maison.

– Il faut lui donner son bain le soir, m'a conseillé une infirmière.
– Il faut lui donner son bain le matin, m'a conseillé ma mère.
– Il faut lui donner son bain à midi, m'a conseillé Chéri.

J'ai tout testé, puis je suis revenue à la routine du soir. Et à la question existentielle de toute nouvelle « mama » : il est où, le bouton « pause » ?

La réponse est venue des haut-parleurs de mon iPod. Elle s'appelle Lucky Dube. Au son de la voix chaude du chanteur sud-africain, Petit Trésor a cessé toute protestation. Comme ça, d'un coup. Ma fille est en réalité une *reggae baby* !
Depuis, chaque fois que son humeur s'assombrit, les rythmes lascifs des plus grandes stars du reggae nous entraînent bien loin de notre appartement du plateau Mont-Royal. Blottie contre Maman *(qui sautille encore parfois – on ne peut pas tout régler d'un coup –)*, elle se laisse aller – enfin – dans les bras de Marley.

PAPA + MAMAN = AMANTS ?

Tout le monde m'avait prévenue. Des copines, des collègues, des magazines, les *Desperate Housewives*... Le sexe après bébé : pas évident.
Bien sûr, une épisiotomie enlèverait même à Samantha Jones l'envie de soulever sa jupe. Sauf qu'on a beau se dire que c'est normal et temporaire, un doute persiste. Pourrai-je un jour avoir à nouveau du plaisir dans cette zone sinistrée *(temporairement ? pour toujours ?)* !
Les points de suture ont-ils refermé, du coup, le chapitre des nuits torrides ?

*

* *

Les statistiques se bousculent dans ma tête pendant que je regarde Chéri dormir. Une édition d'un magazine français consacré à l'infidélité vient de m'apprendre que nombre d'hommes partent explorer d'autres horizons pendant les derniers mois de la grossesse de leur douce et les premiers mois suivant la naissance de bébé. Il faut dire qu'entre l'allaitement, les couches à changer et le sommeil à rattraper, les idées de scénarios olé olé s'émoussent dès qu'elles se pointent. Dans mon film, ce sont des moutons qui exécutent les positions du Kama-sutra. Un missionnaire, deux petites cuillères, trois levrettes, quatre chevaux au galop, cinq vignes enlacées… Rrrrrrr-pffffff *(ronflements)* !

– Ça fait six semaines ! m'annonce Chéri le lendemain matin.

Six semaines. Délai d'abstinence « prescrit » par ma gynéco. Six semaines. Et je n'arrive toujours pas à imaginer quoi que ce soit entrer dans ce qui a été

la sortie de ma fille pendant de longues
et pénibles heures.
– T'es sûr ?
Disons que la suite n'émoustillerait pas grand monde au cinéma L'Amour. Six semaines après la naissance de Petit Trésor, j'ai encore plus de douze kilos à perdre, et beaucoup de confiance à regagner.
La bonne nouvelle ? Il n'en a pas fallu six autres pour y arriver *(bon, peut-être pour les kilos – mais j'ai un décolleté pigeonnant, na !)*...

*

*   *

Tout le monde m'avait prévenue. Par contre, tous avaient oublié ce détail : le sommeil de bébé peut agir comme un puissant aphrodisiaque. Petit Trésor s'est enfin endormi ? Allez vite, sous la couette ! Bébé va-t-il se réveiller bientôt ? Suspense... En attendant, faisons mentir les statistiques !

LES COPINES

Je suis une des premières à être devenue maman dans mon entourage. Entre les « oooh ! » admiratifs et les regards lourds de sous-entendus *(du genre « je-ne-voudrais-tellement-pas-être-à-ta-place »)*, je foule le sol de ce nouveau monde pas à pas, en essayant de ne pas me laisser dérouter par le brouillard. Je suis Neil Armstrong débarquant sur la Lune ! Sauf que c'est pour plus de deux heures trente et une minutes...

*

*   *

Le clash. Je suis au resto avec quelques copines pigistes, un vendredi après-midi. Petit Trésor a quatre mois, mais déjà des cordes vocales aussi puissantes que celles de la famille Dion réunie. Les filles sont

parfaitement coiffées, vêtues selon les dernières tendances, du moins, c'est ce que je suppose puisque je n'ai pas ouvert un magazine de mode depuis des lustres. J'ai des cernes jusqu'au nombril, un vieux pull trop grand, pour cacher les dernières traces de l'ouragan Petit Trésor, un jean de maternité et les cheveux brun-gris en bataille.
– Je reviens de Venise, lance l'une d'elles, le visage illuminé d'un large sourire, en replaçant une mèche dorée derrière son oreille.
– Je pars bientôt pour la Malaisie, annonce une autre, arborant une nouvelle frange qui lui va à ravir.
– Moi, je reviens de chez mes parents au Lac-Saint-Jean, lâché-je entre deux hurlements de ma Céline en puissance.

Sur Facebook, il m'arrive parfois de regarder les photos de *parties* des copines avec un petit pincement au cœur. Un seul sourire de ma fille me fait toutefois oublier que mon *nightlife* a déjà été consacré à autre chose que les boires et les changements de couches.

Hello! Je reviens de la planète Mars où j'ai adopté un Scrijwurk hurleur et j'étais votre copine autrefois...
... vous vous souvenez ?

Et puis, ce n'est qu'une question de temps. Quand elles porteront à leur tour leurs « housses post-bébé » *(lire : vêtements trois tailles de plus)*, je lâcherai, sourire en coin : « Houston, ici la base de la Tranquillité. L'Aigle a atterri », avant de secouer ma crinière im-pec-ca-ble…

LES « YEUX SALES »

C'est l'histoire d'une Québécoise *made in Lac-Saint-Jean* qui a tout quitté pour aller voir à l'autre bout du monde si elle y était. Plus blanche que blanche, elle fait la rencontre d'un Sénégalais plus noir que noir, lui aussi exilé. Quelques mois plus tard, ils échangent leurs vœux *(en chinois !)* dans le pays où ils se sont rencontrés, puis viennent s'établir au Québec. Quatre ans après, Petit Trésor fait son entrée en scène.

– Où êtes-vous allée la chercher ?
Je me trouve dans ma région natale, où bébé et moi sommes venus visiter ma famille sans Chéri, qui croule sous le boulot. Je mets quelques secondes à comprendre à quoi la vendeuse fait référence.

– Ddd… Dans mon ventre, finis-je par balbutier avant de m'enfuir, complètement abasourdie.

Ma fille est mulâtre. Seules les fossettes qui lui donnent cet air espiègle ont été calquées sur les miennes. Pour le reste, c'est son père tout craché. Elle a hérité de ses lèvres pulpeuses, de ses grands yeux noirs et de son petit air « vous-ne-m'impressionnez-guère ». Ses cheveux et son teint ont beau être un parfait « accommodement raisonnable », frisés mais fins, couleur café mais avec beaucoup de lait, jamais on ne s'est exclamé en nous voyant elle et moi : « Oh mon Dieu qu'elle vous resseeeemble ! » en se prenant la tête entre les mains. Mais de là à croire qu'elle a été adoptée ! Et puis, même si c'était le cas, DE QUOI JE ME MÊLE ?

Depuis que je suis mère, je suis soufflée par l'absence totale de délicatesse des gens. Comme si la vue d'un bébé enclenchait automatiquement le bouton

« censure *free* ». À la pharmacie, deux femmes me font remarquer que ma fille « a l'air d'avoir chaud, la pauvre ! ». Dans la rue, un homme me lance en sortant du métro que je « devrais la couvrir davantage, c'est si fragile à cet âge-là ». Depuis quand les bébés sont-ils des « propriétés » publiques ?
Je pense souvent aux parents adoptifs et aux questions qu'ils doivent affronter continuellement. À ces petits visages scrutés par des étrangers et aux réponses toutes faites que leurs proches doivent donner. Vrai qu'ils doivent s'y attendre. Mais est-ce trop demander, un minimum de discrétion ?

Oui, ma fille est mulâtre. Non, madame, elle n'a pas les « yeux sales », comme vous dites. Elle ne me ressemble pas ? Ah si. Simplement, il n'est pas visible à l'œil nu, mon sacré caractère. Ne soyez donc pas surprise si elle vous envoie promener elle-même dans quelques années.

TO BANLIEUE OR NOT TO BANLIEUE

Je refuse de devenir une maman « beige ». Vous savez, celles à qui s'adressent tous les magazines destinés aux parents ! Mon mantra depuis la naissance de Petit Trésor : ce n'est pas parce que j'ai enfanté que j'ai perdu mes couleurs. Ma vie, c'est en technicolor que je l'aime !

*

* *

– Pourquoi ne va-t-on pas vivre en banlieue ? me demande Chéri un samedi matin de février.
Je regarde autour de moi. Bien avant de rencontrer le père de ma fille, j'habitais ce 6 1/2 situé à moins d'une minute du métro Mont-Royal. Le quitter

signifierait dire adieu à ma vingtaine, passée à regarder défiler la faune du haut de mon troisième étage. Sans compter que j'adore le côté brouillon de la ville, son allure déglinguée, son désordre inspirant. Voir la vie qui grouille, la différence, le métissage. La banlieue ? Pfff. Beaucoup trop… beige.
– On pourrait avoir une grande cour, ajoute Chéri comme si l'argument allait faire pencher la balance de l'autre côté du pont Viau.
Un frisson d'horreur me parcourt l'échine. Des images de haies parfaitement taillées, de tondeuses à gazon et de voisines quémandeuses d'œufs et de farine tourbillonnent dans ma tête. Très vite, les haies déploient leurs tentacules *(ha ! ha ! leur perfection n'était qu'illusion ! En réalité, elles sont toutes recroquevillées sur elles-mêmes et n'attendent qu'une proie – en l'occurrence moi, infestée de préjugés – pour montrer leur vraie nature de plantes carnivores)*, les tondeuses à gazon m'encerclent, prêtes à me charcuter, et les voisines se transforment en armée de mégères-zombies, rouleaux à pâte à la main *(cliché, quand tu nous tiens !)*.

– Es-tu malade ? lui réponds-je, la gorge soudainement nouée par l'angoisse.

À peine cinq mois plus tard, nous voici pourtant en train de ranger nos affaires dans des boîtes pour une deuxième fois depuis la naissance de Petit Trésor. Oui : une deuxième fois. Monter et descendre les escaliers avec Petit Trésor qui grandissait en beauté, en sagesse, et en lourdeur *(!)* commençait à me rendre dingue. Nous avons donc d'abord décidé de louer un charmant rez-de-chaussée à quelques rues de *mon* nid. Erreur. Pendant un mois, nos nouveaux voisins nous ont permis de suivre d'un peu trop près leurs déboires, s'insultant à qui mieux mieux et faisant la fête sans arrêt, jusque bien après le lever du soleil. Inversement, comme l'insonorisation faisait défaut, je pouvais les entendre se plaindre de la joie de vivre *(lire : les variations sur un même cri)* de Petit Trésor. Nous sommes donc partis explorer différents quartiers de la métropole, puis quelques villes de banlieue.

To banlieue or not to banlieue

Notre coup de cœur, contre toute attente : le Vieux-Longueuil. La proximité du métro, la vue sur Montréal *(notre banlieue, à nous, Longueuillois)*, la rue Saint-Charles et ses petits cafés, boulangeries et restos nous ont charmés. Il y a Long Island et Long Beach, et maintenant aussi « *Long Ueuil* » ! Nous voici donc propriétaires d'un condo *(avec une toute petite cour !)*.

Je refuse d'être une maman « beige ». Mais j'ai réalisé que, pour le bonheur de mon homme et de ma fille, je pouvais très bien vivre dans un dégradé subtil sans altérer mes propres couleurs.
Et puis, j'ai toujours rêvé d'aller vivre dans le Sud !

P.-S. : Je n'ai encore aperçu aucune voisine-zombie…

BUGABOO BLUES

C'est la faute à Gwen, Gwyneth et autres stars qui ont propulsé leur progéniture sur la planète *people* si Bugaboo est entrée dans ma vie. J'avais remarqué cette poussette *über*-branchée dans les pages des magazines à potins que je feuillette parfois chez ma sœur *(hum ! hum !)*. Comme nous ne possédons pas de voiture et n'avons pas l'intention de nous en procurer une avant quelques années, elle m'est rapidement apparue comme le moyen de transport parfait pour notre fille chérie.

Une visite sur le site Web de la compagnie a conforté mon choix: « Se promener dans les dunes, sentir la vie qui palpite au cœur d'une ville étrangère, rencontrer de nouvelles personnes ou tout simplement faire du shopping. Il y a tant de choses à découvrir et à faire. »

Ha Ha Ha Ha Ha!!

Parfait pour l'aventurière en moi qui voulait devenir mère tout en gardant son côté *wild* ! Et puis, comme j'allais devoir l'utiliser presque tous les jours pour les trois ou quatre prochaines années, autant investir dans quelque chose de « looké ».
Me restait à convaincre Chéri de la pertinence d'investir quelque 1 200 tomates pour le carrosse de notre princesse. L'argument massue ? Son poids. Au moment où je l'ai achetée, la Bugaboo était l'un des modèles les plus légers vendus au Québec, et l'un des plus pratiques à cause du landau qu'on peut retirer de la base pour faciliter le transport. Sauf que j'avais oublié un détail important : le poids du bébé ! Quand on habite un troisième étage, ça pèse dans la balance. Impossible de tout descendre en même temps comme je l'avais imaginé.
La tactique que j'ai mise au point ? Installer Petit Trésor dans le sac ventral – Baby Björn avec support lombaire, mon meilleur achat bébé à ce jour – et transporter les deux morceaux l'un après l'autre.
Mais ai-je vraiment envie de déposer ma fille dans sa poussette l'hiver après l'avoir habillée *(crise n° 1)*,

puis installée dans le porte-bébé ventral *(crise n° 2)* ? Nooon ! Surtout quand je la vois dormir paisiblement collée contre sa maman *(quel bonheur !)*. Sans compter qu'elle se met à hurler comme une damnée dès que j'ose la coucher dans son landau, malgré la chancelière hyper-confo *(sous-entendre : ridiculement chère)* dans laquelle je l'emmitoufle.

Résultat : il a fallu six mois et un déménagement dans un rez-de-chaussée pour que ma sirène *(dans le sens de « sirène de pompier », et non « cute-petite-sirène-des-océans »)* cesse ses hurlements. Aujourd'hui, elle s'endort beaucoup plus facilement dans sa Bugaboo que dans son lit et adore les longues balades. Ça tombe bien : sa maman est une accro de la marche *(surtout quand il y a quelques belles vitrines à « lécher » au passage)*. Nous avons sillonné la ville entière ensemble dans tous les sens, elle, paisiblement installée dans son carrosse tout-terrain, moi, me prenant pour un parfait croisement entre Gwen *(pour le style)* et Gwyneth *(pour la grâce)*…

COMPLÈTEMENT PARANO

Du sang sur les murs. Des cadavres. Des suspects. Des suspects partout. Et si mon voisin était un meurtrier en série ? Et s'il y avait du sang, là, sous le tapis ? Et si l'ado d'à côté vivait en réalité avec son kidnappeur ? AAAAAAAAAAAAAAH !!!!!!!!!!!!

On respire.
Je m'étais promis de faire mille activités quand Petit Trésor serait là : yoga, cardio-poussette, bébé nageur… Une anémie post-accouchement m'a rapidement fait réviser mes plans. Puis l'hiver s'est amené, avec son lot de bonnes raisons pour rester au chaud. Je me suis alors mise à l'étude hautement intellectuelle *(et intensive)* des séries américaines sur

DVD *(24, Prison Break, The O.C., Veronica Mars, Nip/Tuck, CSI : Crime Scene Investigation...)*. Pendant que j'avais les yeux rivés sur la télé, Petit Trésor roupillait dans mes bras, à des années-lumière de ces mondes parallèles.
Le jour où j'ai failli appeler le 911 pour cause d'hallucination de sang dissimulé sous un mur orange *(ben quoi, un peu de relief sur un vieux mur peut créer toute une illusion d'optique !)*, j'ai décidé qu'il était temps de faire mes adieux à Gil Grissom et son équipe. Je suis alors devenue lectrice en série, dévorant bouquin sur bouquin, le plus souvent en allaitant.

Puis, par une journée ensoleillée, j'ai décidé de braver la neige et je suis sortie m'acheter un tapis de yoga. Question d'être plus zen si je me retrouve nez à nez avec un meurtrier.

LE GRAND SPLOUSCH

L'apprentissage le plus difficile d'une nouvelle mère ? Le lâcher prise. Exit la spontanéité et l'improvisation : notre vie est contrôlée par l'entrée des aliments, leur transit et… leur sortie. Tranche de vie en Odorama.

*

* *

Après des mois à « contempler » ma repousse grisâtre, je me décide enfin à prendre rendez-vous chez le coiffeur. Petit Trésor a à peine cinq mois et ne passe jamais plus de trois ou quatre heures sans demander à boire. Comme je l'allaite toujours et qu'elle refuse de téter les biberons, toute la famille se dirige vers le centre-ville pour cette expédition capillaire, histoire que le « garde-manger » de ma petite gloutonne soit toujours à portée de bouche quand « l'alarme » se mettra en marche. *(Évidemment, c'est au moment où j'aurai la tête pleine de teinture qu'elle se déclenchera, mais c'est une autre histoire.)*

Le temps file et Chéri doit se sauver. « Pas de problème, je vais payer et rentrer tranquillement avec Petit Trésor », lui dis-je en me levant du fauteuil.
Il n'était pas parti depuis cinq minutes que je l'ai entendue. Cette explosion que toute mère d'un jeune bébé redoute dès qu'elle met le nez dehors : le grand « splousch ». Et quand je dis « grand », je parle d'un lac. D'une mer. D'un océan *(dans lequel, ai-je besoin de le préciser, nul n'a envie de nager)* !
Puis, l'étrange sensation d'une substance chaude sur ma cuisse. « Nooooon », dis-je à voix haute. Je regarde sous les fesses de bébé… « Ouiiiiiii », fais-je intérieurement en constatant que la coulée fécale de Petit Trésor a traversé : 1) sa couche, 2) son body, 3) son jean et 4) MON jean *(griffé)*.

Le grand splousch

Je me retrouve en moins de deux à quatre pattes par terre dans les toilettes d'un spa huppé à tenter de contenir le magma « parfumé » de mon petit volcan. *(Question existentielle : comment un si petit être peut-il produire autant d'excréments ?)* Évidemment, ma fille hurle à fendre l'âme. Dans ma hâte, j'échappe ses pantalons back-up un peu trop près de la zone sinistrée. Me voilà en train de frotter ses deux pantalons, le mien, son body… tout en tentant de la consoler. Je pense à ma mère et aux « beaux cacas » qu'elle annonçait avec tant d'emphase quand mes petites sœurs lui en « faisaient cadeau » et me jure à nouveau de ne jamais tomber dans l'adoration fécale. Le lâcher prise, disais-je.

Elle commence quand déjà, la phase anale ?

LES CHEVEUX DE BRITNEY OU DE VICTORIA ?

Peu avant le premier anniversaire de Petit Trésor, mon miroir m'a craché cette vérité en pleine face : tu ne te ressembles plus.
Au-delà de mes cernes creux et noir *(genre joueur de foot, même avec un max de camouflage)* et de mes nouvelles ridules *(comme si une bêche en furie avait labouré mon visage)*, j'ai vu des tas de points d'interrogation se livrer une lutte sans merci dans ma tête.

Dans le champ gauche, les questions pratico-pratiques du type : porter mon jean propre ou tolérer mon préféré encore une journée, malgré ses quelques raideurs dues à la purée séchée ? Dans le champ droit,

celles, beaucoup plus profondes, du style : vanille ou chocolat ? Mac ou PC ? Gucci ou Prada ? Entre les deux, quelques points d'exclamation trinquaient à leurs certitudes : oui, je suis aussi une femme ! Oui, je peux encore être sexy ! Oui, il me fait des fesses D'ENFER, mon jean en purée !
Évidemment, tous ces signes de ponctuation dissipés n'étaient que la pointe de l'iceberg. Moi, victime du cliché de la mère qui ne se définit plus par rien d'autre que son nouveau rôle ? *Naaaaaaa.* En réalité, toutes ces tergiversations cachaient plutôt une vérité de La Palice : *I missed myself (eh oui, j'étais un peu désorientée/fatiguée après avoir tout donné à ma fille adorée).* J'avais profondément besoin de faire « *refresh* » sur l'écran et de me permettre un peu d'égocentrisme. De me livrer à une séance de shopping zéro culpabilité sans rien acheter à Petit Trésor. Un exploit en soi.

Je suis donc allée faire couper ma longue tignasse *(retour dans le temps... vlouuuuungfff – effet sonore de*

calendrier feuilleté à l'envers). Depuis mon mariage, je me visualise vivant au bord de la mer, au chaud, avec mari et progéniture... Sur cette photo piquée dans l'album de mon futur, j'ai les cheveux très longs, style Brooke Shields dans *Blue Lagoon*.
Comme tout le monde le sait, aller chez le coiffeur est le premier pas vers le renouveau. Dans mon cas, ce n'était ni le présage d'une rupture *(j'ai « Chéri forever » tatoué sur le cœur)*, ni un traumatisme post-coloration ratée. Je m'imaginais seulement que le sacrifice de quelques poils me permettrait de voir plus clair dans ce qu'il y avait en dessous.
Ça ne m'a pas suffi.

La seconde séance de débroussaillage a eu lieu le mois suivant. Puis, peu avant Noël, j'ai demandé l'ultime sacrifice capillaire à celle qui s'occupe de ma tête *(du moins, le dessus !)* depuis dix ans : « Rase tout ! »

Mais non, mais non. Je ne suis pas allée jusque-là, même si l'idée m'a effleuré l'esprit *(Britney, sors de ce corps !)*.
J'ai plutôt pointé Victoria Beckham et sa moue boudeuse dans un magazine à potins.

Quelques robes et une paire de chaussures plus tard *(vous voyez comme je suis raisonnable :* UNE PAIRE *de chaussures !)*, les points d'interrogation tourbillonnent toujours dans ma tête. Des réponses se pointent ici et là, pendant les siestes plus régulières de Petit Trésor. Elles ne m'ont pas encore révélé ma nouvelle (*véritable)* identité, mais une chose est sûre :
la coupe de Victoria est totalement MOI !

P.-S. : Pour la photo de l'album de mon futur, je me suis dit que ma tignasse aurait le temps de repousser d'ici là...

PAS SORTABLE !

Une flûte. Une toute petite flûte de champagne et bang ! J'envoie presque le serveur au tapis en me retournant trop brusquement.

– Je suis TELLEMENT désolée !

Le jeune homme esquisse un demi-sourire en se penchant pour ramasser les morceaux de verre. Ma *date* de la soirée *(Chéri est sagement resté à la maison avec Petit Trésor)*, un ami avec qui j'ai jadis fait les quatre cents coups, se délecte du spectacle. Un rapide balayage de la salle me confirme ce que je craignais : il n'est pas le seul. Pire, au moment où je me fais cette réflexion, un copain m'aperçoit, crie mon nom, et croque la scène – et l'embarras qui s'ensuit – avec son nouvel appareil photo numérique *(vous savez, avec la fonction qui permet de prendre une série de photos en rafale ?)*. Pour ma subtile réintégration en société, c'est réussi.

Depuis la naissance de Petit Trésor il y a un an, je n'ai vu qu'un film au cinéma *(pendant lequel ma « terreur » est parvenue à mettre K.-O. ses trois – oui trois ! – gardiens)*. Je compte les cinq à sept et les bouffes entre amis auxquels j'ai assisté sans bébé sur les doigts. Je vis en semi-réclusion consentante, assumant complètement mon nouveau rôle et les promesses que je me suis faites bien avant de tomber enceinte : emmener ma fille partout, la faire garder le moins possible et, surtout, profiter à fond de chaque seconde passée en sa compagnie *(bon, disons qu'il y a certaines secondes dont je « profite » un peu moins)*. Malgré tout, j'ai quand même parfois des « rechutes ».
Et quel bien ça fait de marcher sur un tapis rouge quand on passe ses journées à se rouler par terre sur la moquette de la salle de jeux !

*

* *

Pas sortable !

Je slalome discrètement *(non, ma tête ne tourne pas, non !)* entre les déesses en robe du soir et les mecs en costard. J'attrape un canapé au passage, puis un autre... quand j'entends derrière moi :
– Je suis TELLEMENT désolé !
Je me retourne et j'aperçois le « *paparazzi* » qui m'a mitraillée un peu plus tôt. La veste et la chemise *(blanche !)* de son voisin sont imbibées de vin rouge.
Je saisis ma caméra numérique, sourire en coin.
Il y a des moments comme ça où je sens le fossé avec ma vie « d'avant » se rétrécir.

Résolution du jour : je me remets à « l'entraînement » pour pouvoir supporter deux flûtes de champagne la prochaine fois !

BABY-BOOM

« En avant les grosses bedaines, rangez-vous le long du mur, pour laisser passer les petites bedaines, pour manger de la confiture ! » C'était ma comptine préférée, enfant. Elle m'est revenue en tête en constatant que mon petit bide post-bébé passait complètement inaperçu dans le festival du ventre rond qui bat son plein dans mon cercle d'amis. En fait, je pourrais presque en faire un hymne *(et garder la confiture)* !

C'est à savoir quel nombril sortira de son trou le premier. Pop ! Un ici. Pop ! Un là-bas... Avant la fin de l'été, Petit Trésor fera la connaissance de Salomé, de Victor, de Maélie et de Bébé X *(ou S.N.F. : Sans Nom*

Fixe). Sans compter Edgar et Gabriel, tous deux nés quelques jours avant l'arrivée du printemps.
Mais qui dit *baby-boom* dit aussi *Big Bang*. Le chaos. Ça commence au moment de prendre rendez-vous avec un médecin. « Le Dr Machin ne prend plus de patients… » Ça se poursuit de plus belle le jour de l'accouchement. « Attention : embouteillages dans les couloirs de la maternité. Il y a eu survente de billets, impossible de monter dans l'avion. » Le hic, c'est que bébé, lui, va bientôt toucher terre, quitte à faire un atterrissage forcé !
Ils me font rire les politiciens, à promettre plus de places en garderie. Eh ! Ho ! Quelqu'un a pensé aux médecins accoucheurs ? Faudrait peut-être qu'il y en ait suffisamment pour mettre au monde ceux qui vont éventuellement occuper ces places, non ? Et puis, on serait aussi peut-être plus rassurées, entre deux contractions, de savoir qu'ils ne travaillent pas vingt-quatre heures en ligne…

Tant qu'à rêver, voici la liste des lois qui devraient être instaurées dans les salles d'accouchement :
1) Interdire l'utilisation de surnoms comme « Championne » ou « Ma grande » par le médecin et les infirmières.
2) Autoriser la future mère à rappeler gentiment *(sous-entendre : laisser s'exprimer la* Million Dollar baby *en elle)* au personnel la loi numéro un en cas d'infraction.
3) Bannir l'utilisation du langage « bébé » *(je* VAIS *avoir un bébé, je ne* SUIS PAS *un bébé !)*.
4) Décliner l'épidurale en plusieurs parfums : vanille, chocolat, caramel... Mieux : l'offrir en version biscuits aux couleurs de l'été.
5) Laisser toutes ses illusions à la presque-mère.
« Mais non ça ne fera pas mal ! Mais oui tu es une exception ! »

En attendant, j'espère qu'il reste beaucoup de confiture...

PREMIÈRE NEIGE

Un lundi blanc, très blanc, comme si le Québec avait été lavé au javellisant.
– Êtes-vous allées jouer dans la neige ? me demande ma mère, qui a sûrement été inuit dans une autre vie.
– Heu... non. Pas encore. J'attends que le camion de déneigement arrête de passer toutes les cinq minutes.
Une demi-heure plus tard, c'est au tour de Chéri – qui n'a jamais vu autant de flocons de sa vie *(c'est son cinquième hiver au pays)* – de me rappeler ce qui semble être mon devoir de mère : m'émerveiller devant la transformation extrême du paysage.
– Oooh !!! Bon boulot de coloration ! Ajouter du blanc sur du brun, c'est fort ! me dis-je en m'imaginant dans une téléréalité mettant en vedette les dieux du relooking de la planète.

Soupir. La vérité, c'est que les « joies de l'hiver » me laissent de glace. Plus longtemps je peux m'y soustraire, plus heureuse je suis. C'est donc en tentant d'oublier à quel point j'ai horreur du froid, des cent mille pelures, du bruit des pas sur la neige et du « jus de bottes » dans l'entrée que je me lance dans l'interminable habillage de ma fille chérie le lendemain matin.

– On s'en va dehors ! dis-je avec un réel enthousiasme *(il fait sûrement trente degrés sous mon manteau, alors je me convaincs qu'on va fouler le sable chaud dans quelques minutes pour me motiver).*
Évidemment, Petit Trésor, treize mois, douze dents et deux cordes vocales *(vous êtes sûrs qu'il est impossible qu'elle en ait plus ?)*, hurle dès que j'enfile ses mitaines. Mais sitôt dehors, elle s'arrête net. Les flocons qui tourbillonnent autour d'elle éveillent une tempête d'émotions. Elle passe du rire aux larmes, de l'étonnement à l'euphorie. Grosso modo, son analyse devait ressembler à ça :

1) La découverte. « Waaaaaoooouuuu !!!!
DÉ-MENT ! C'est quoi ces drôles de machins blancs qui me chatouillent le visage ? J'adooore les nouvelles expériences ! »
2) Le doute. « Non mais attends, c'est froid ça... c'est mouillé... ça gèle ! Ma crème hydratante ne résistera pas ! »
3) La dure réalité. « Mamaaaaaaaaaan !!!!!
Mon visage se transforme en patinoire ! Vite, un mouchoir ! Une doudou ! La zamboni ! Emmène-moi à Cubaaaaa !!!!!!!!! »

Puis, après avoir fait l'ange, goûté à l'étrange « farine fondante », regardé sa mère s'auto-bombarder de balles molles et se rouler dans la neige *(en jean)*, Petit Trésor ne voulait plus revenir à la maison. Et vous savez quoi ? Maman non plus !

(N'empêche, Cuba, ce n'est pas une si mauvaise idée...)

SUPERMAMAN

Je ne suis pas une Superwoman.

Chez nous, c'est toujours le bordel.
Je ne cuisine pas. C'est Chéri qui récure les cuvettes. Superparrain et grand-maman *(ma grand-mère à moi)* qui nous concoctent de la sauce à spaghatt'.
Une Superwoman ? Pfff...
Pourtant, mes copines s'entêtent à m'affubler de ce surnom ridicule : *Superwoman*. Oui, je travaille dès que Petit Trésor ferme l'œil et je bosse sur cinquante-six projets à la fois. Mais j'ai des cernes permanents, je socialise le plus souvent sur Facebook et je mange beaucoup trop de brownies.

en route vers le resto Super Trésor!
SUPER MAMAN
Sympa tes bottines!...

Vous arrivez à atteindre l'équilibre, vous, avec bébé, chum, amis et boulot ? Moi, j'ai plutôt l'impression de jouer les funambules. Mon objectif : regarder droit devant et oublier le risque de me retrouver en chute libre. La grâce, ce sera pour plus tard. Pour le moment, j'apprends encore à avancer sur mon fil. Pas évident de garder le cap quand on entend fuser les commentaires de la « foule ».
Car le mot « *maman* » n'est pas que le nom affectueux qu'un enfant donne à sa génitrice. C'est aussi une obligation. Celle de prendre les « bonnes décisions ». Le hic, c'est que ces « bonnes décisions » ne sont pas les mêmes pour tout le monde. D'où la pression. Énorme. De tous côtés.

Dès le début de ma grossesse, j'ai senti le poids du jugement des autres. Manger un plat indien hyper relevé était forcément mauvais pour le fœtus. Le chocolat ? « *Tu vas faire du diabète de grossesse !* » Et puis je ne grossissais pas assez vite. Au final, j'ai pris dix-huit kilos. « *Dix-huit kilos ? C'est énorme !* » Faudrait vous décider...

Bientôt, me voilà de retour au boulot chez moi tout en restant mère à temps plein *(dodo de bébé = boulot pour maman !)*. À quinze mois, Petit Trésor ne fréquente toujours pas la garderie et je l'allaite encore régulièrement. Scandale ! Ma fille ne voit pas assez d'enfants, elle sera trop gâtée et elle prendra de mauvais plis. Et après ?
« Quand ils sont petits, c'est : "*Quoi, il a une suce (ou n'en a pas) ?!!*" », m'écrit Mylen, une amie de longue date enceinte de son quatrième enfant. « Ensuite c'est : "*Quoi, tu l'as amené chez McDo (ou tu lui refuses McDo) ?!!*"
La liste de nos griefs pourrait être infinie. »

*

*   *

Supermaman

Pour être mère, il ne faut pas devenir une Superwoman. On doit plutôt avoir la foi. Croire en ses valeurs même si elles ne sont absolument pas « tendance ». Être suffisamment sûre de soi pour oublier la « foule ». Avoir une tête de mule, quoi ! Et regarder devant, toujours...

SOCIO 101

Petit Trésor a quinze mois. La gamme des émotions, elle connaît *(elle fait même quelques arpèges, tantôt dans les graves, tantôt dans les aigus).* Ses explosions de joie sont souvent tout aussi surprenantes que ses crises. Comme elle voit très peu de bébés, ses manifestations de bonheur sont loin d'être discrètes quand elle croise un de ses semblables. Elle ne sait pas se comporter en société. Il lui arrive même « d'attaquer » son peut-être-futur-ami. Littéralement. C'est arrivé la semaine dernière lors d'un de nos lunchs mère-fille.

Résumé de la scène.
L'inconnu : – ... (Silence, regard scrutateur, hésite à s'approcher.)
Petit Trésor : – Hey ! Hey ! Hey !
(Elle court vers sa proie, saisit son chandail et pose sa tête sur son épaule.)
L'inconnu : – ... (Silence, regard scrutateur, hésite à s'approcher.)
Petit Trésor : – Hey ! Hey ! Hey !
(Elle tire sur son chandail pour lui signifier qu'elle veut vraiment être son amie.)
Ou alors j'ai tout faux et elle veut simplement savoir où sa mère fait son shopping.
L'inconnu : – ... (Silence, regard scrutateur, hésite à s'approcher.)
Petit Trésor : – Hey ! Hey ! Hey !
(Elle lui colle un baiser mouillé sur la joue et se met à sautiller comme si elle voulait l'inviter à danser.)
L'inconnu : – ... (Silence, regard scrutateur, hésite à s'approcher.)

Le garçonnet – qui la dépasse d'au moins une tête – fait finalement un pas vers l'arrière et court vers sa mère.
N'eût été leurs couches, je me serais crue dans un bar québécois.

D'UN TRAIN À L'AUTRE

Ma copine Isa a longtemps dit ne pas être capable de cerner la personnalité de sa fille. Moi, dès la naissance de Petit Trésor, c'était clair comme du liquide amniotique. Je savais que la petite chose gluante qui était sortie de mon entrejambe un matin d'octobre allait rocker notre monde plus hard que soft.

J'avais visé juste. À dix-huit mois, ma puce danse le twist sur des Whippet aux cerises. Rit comme un dauphin. Fait une fixation sur *Shrek (particulièrement sur le spécial de Noël – très réjouissant en avril)*. Renverse exprès le contenu de son assiette pour le plaisir de lancer de façon théâtrale : « Partout ! Partout ! » en agitant les mains *(et essuyer le tout à sa façon ensuite, en l'étendant...*

partout). Frise l'hystérie quand elle aperçoit une mouche *(« Oh non ! Oh noooon ! »)*.

– Elle a été sage, on ne l'a pas entendue ! Est-elle toujours comme ça ?
Je suis sur le point de descendre du train dans lequel nous venons de passer plus de sept heures, Petit Trésor et moi. Je regarde l'agent de bord qui vient de me lancer ce compliment, interloquée.
– Heu... non, pas tout à fait.
Il est vrai que ma petite terreur sait généralement se tenir en public et qu'en train il est plus facile pour elle de circuler dans les allées que dans tout autre moyen de transport. Mais pour Maman, c'est autre chose !
Après sa sieste *(une toute petite heure)*, j'ai dû me transformer en G.O. pour que les passagers n'aient pas envie de nous balancer par-dessus bord dans la forêt toujours enneigée *(pitiéééé !)*.
– Tchou ! Tchou! Tain ! Tain ! Voyage ! Voyage ! *(Oui, elle « parle double »...)*

Et voilà qu'elle se remet à tirer *(à l'envers, elle n'a toujours pas pigé le concept des roulettes)* sur sa minivalise Dora.
– Viens, on va lire l'histoire de l'hippopotame.
Plus de sept heures, je disais...

Enceinte de six mois, j'ai fait le trajet Paris-Madrid en train *(deux fois quatorze heures en quatre jours... génial !)*. J'ai le souvenir merveilleux d'une nuit à dormir recroquevillée sur deux bancs, enlaçant mon ventre rond, avec un sentiment de communion intense avec ma future globe-trotteuse. Au petit matin, les Pyrénées m'ouvraient les bras, pendant que bébé effectuait une espèce de gigue-yoga-boxe-trash sous mon nombril. Cinq mois plus tard, c'est dans un train en direction du Lac-Saint-Jean que j'ai reproduit la même position, cette fois avec bébé collé sur mon ventre plutôt qu'à l'intérieur. Encore cette impression intense de communion...

Aujourd'hui, je peine à me contorsionner pour reproduire la scène *(la faute au Nutella)*. Sans compter que Petit Trésor n'a plus envie de se blottir ainsi pendant des heures. Résultat : complètement lessivée, la Mama Cool !
En sortant du wagon, j'ai regardé l'agent qui ne semblait avoir remarqué aucun de mes efforts pour contenir ma grande «sage» et lui ai lancé un « Tchou ! Tchou ! » retentissant.
Où sont les Whippet aux cerises ?

MON BIBERON CONTRE TON PICHET

Vingt mois. Petit Trésor vient de cesser de demander à boire le « Lait Maman », comme elle l'appelle. Le sevrage s'est déroulé très progressivement – tant pour elle que pour moi – et au moment où j'entrevois la possibilité de journées entières dans un spa et de looongues soirées entre amis, voilà que ce sont eux qui atterrissent les uns après les autres sur la planète « bébé » !

*
* *

Il y a d'abord eu Maélie. Puis, en l'espace d'un mois, Matys, Salomé et Victor ont décidé de pointer leur nez, en pleine période de sangria. Ayant été sage pendant toute ma grossesse et le temps de l'allaitement *(j'ai bu environ l'équivalent d'un litre de vin en près de trois ans !)*, l'envie de me lâcher s'est mise à me tenailler de plus en plus intensément. L'idée de refaire le monde avec de vieux potes devant une *(deux ?)* bonne bouteille jusqu'aux petites heures du matin m'apparaît aussi séduisante qu'entrer dans un bar avant mes dix-huit ans. À moi les cocktails de filles aux couleurs de l'été, les talons hauts et les mini sacs à main *diapers free* !

Mais mon cercle de copains s'est élargi. Des boutures se sont mises à pousser tout autour, de sorte qu'il est plus difficile d'atteindre mes « vieilles branches ». Mon meilleur ami, qui devait devenir père en août, a fait la connaissance de son fils à la fête des Français, troquant du coup ses « happy hours » d'après-midi pour ceux du matin et sa Nintendo pour les tapes dans le dos. Impossible de repousser une *deadline* désormais : le boss est inflexible. Il veut tout, tout de suite ! Le salaire se calcule en rots, en pipis et en cacas. Après la période de probation viendront les primes : sourires, gazouillis et autres facéties qui donneront à coup sûr au nouveau papa cet air gaga qu'il trouvait grotesque chez les autres. Bienvenue dans le club des « j'ai-toujours-dit-que-je-ne-ferais-jamais-ça-mais... », mon cher. Membre à vie, ce n'est pas rien !

*

* *

Vingt mois. Les plus beaux et les plus difficiles de mon existence. Sans l'ombre d'un doute, allaiter a été ma plus belle expérience à ce jour. Un lien merveilleux s'est créé entre ma fille et moi. Un langage que nous seules comprenons. En même temps, le manque de sommeil, la conciliation travail-bébé et l'absence totale de loisirs pour arriver à tout faire ont parfois failli me rendre dingue.

Certaines mères coupent le cordon plus tôt. J'ai préféré attendre que Petit Trésor l'étire tout doucement, jusqu'à

ce que l'usure lui permette de se détacher de nos corps respectifs. Depuis, j'oscille entre le deuil et l'euphorie. Je pourrais revivre les six premiers mois de vie de ma fille en boucle jusqu'à la fin des temps. Mais comme ce n'est pas possible, je me « consolerai » avec un bon pichet de sangria !
Des volontaires pour le partager?

LES SOULIERS À TALONS HAUTS

Je me rappelle le jour de l'échographie.

– C'est une fille.
– Une fille ?!! Vous êtes sûr, docteur ?
– À moins qu'il ait un très, très petit zizi, oui !
Je suis sans voix. Depuis toujours, j'ai la conviction que j'aurai un fils. Je l'imagine en salopette, cheveux trop longs, un brin d'herbe dans la bouche *(bon, peut-être pas une bonne idée avec tous ces pesticides, même à faible impact)*... Une fille ? Beaucoup trop compliqué. Je me souviens bien de l'adolescence, de ses questions, de ses désillusions. Du rapport tordu que nous entretenons avec notre corps à ce moment-là. De la rivalité féminine, qui s'amène bien avant l'acné. Une fille ? *(Oh nooon...)*

En réalité, je suis terrorisée par ma connaissance de la féminité. Un garçon ? Mystère total. Et l'inconnu, moi, ça m'a toujours attirée. Avoir une fille signifie devoir regarder mes propres peurs dans les yeux et leur crier « oussst ! » pour l'aider à apprivoiser les siennes. Me délester du poids de mes chagrins et de mes douleurs de fillette pour l'outiller et non la surprotéger. L'écouter et la comprendre plutôt que l'étourdir de conseils qu'elle n'écoutera pas de toute façon. La laisser être *elle*. Ne pas confondre mon passé avec son présent… Ouf. Y a-t-il un psy dans la salle ?

Puis le temps a passé. L'idée d'avoir une partenaire pour regarder des séries d'ados s'est mise à me séduire de plus en plus. On aura de grandes discussions sur la vie en mangeant de la crème glacée au chocolat. On ira faire du shopping à New York, visiter Versailles, personnaliser

nos clichés dans des Photomaton roses à Tokyo. On rira aux éclats en se déguisant, même quand ce ne sera pas l'Halloween.

Quelque vingt mois après la naissance de ma fille, la peur a fait place à la fascination. Je m'étonne toujours de la voir plonger d'elle-même dans tous les clichés. Dans une boutique, elle court spontanément vers les jolies robes à froufrous, les bijoux et les poupées. Elle a compris depuis longtemps à quoi sert un miroir. Elle avait à peine deux ans la première fois que je l'ai surprise en train de se balader avec l'un de mes sacs à main sur l'épaule. Puis, après avoir découvert la cachette de mes souliers à talons hauts, elle s'est mise à les trimballer partout dans la maison. Depuis quelques jours, elle glisse son petit pied dans l'un d'eux et défile fièrement dans le salon…

Les souliers à talons hauts

Une fille ? Oh ouiiiiii !

Je prie maintenant pour que notre complicité survive aux années ingrates...

LE VENTRE AU VENT

Enceinte, qu'est ce que j'étais fière de mon ventre !

Mai 2006. Je suis enceinte de trois mois. Je me pavane dans mon nouveau bikini mauve en sortant fièrement le ventre, persuadée que la Terre entière voit que je porte un enfant. J'ai l'impression que le soleil a été planté dans le ciel expressément pour nous, que la brise qui nous caresse la peau nous est toute dédiée et qu'aucun nuage ne pourra jamais assombrir le bonheur dans lequel nous nous prélassons. Nous sommes bien.
Si bien...
Ces vacances au Mexique marquent une pause nécessaire dans le tourbillon de nos vies. Chéri vient de compléter son bac et s'apprête à entreprendre un

nouveau boulot. Je viens de terminer un contrat très prenant qui a vidé mes réserves d'énergie. Pourtant, aujourd'hui, je sens que je pourrais affronter n'importe quelle tempête sans fléchir.

Pendant toute ma grossesse, j'ai eu l'impression de me balader dans une bulle rose bonbon. Chacun de mes pas était léger, malgré le poids que je trimballais. J'avais de grandes discussions avec Petit Trésor, qui me répondait par un mélange de kung-fu et de chorégraphies à la *Happy Feet*. Je me sentais si proche d'elle et si proche de Chéri...

*

* *

Octobre 2008. Trésor a deux ans. Chéri complète sa maîtrise. *Exit* les contrats très prenants, je bosse désormais depuis la maison. J'ai toujours de grandes discussions avec ma fille. La différence ? Je n'ai plus le temps de placer un mot ! J'ai mis au monde une grande bavarde qui démontre de sérieuses aptitudes pour les arts martiaux et la danse à claquettes. J'ai parfois la nostalgie de ma bulle rose. Du soleil qui cligne de l'œil en notre direction. Mais quand, à l'aube, j'entends les petits pas de Trésor qui vient se réfugier entre son papa et sa maman pour quelques heures de sommeil supplémentaires, je sens presque la brise nous caresser la peau...

Il y a un truc qui m'agace, par contre. Maintenant que j'ai accouché, que ma fille marche, danse et jacasse sans retenue, ne serait-il pas temps qu'il disparaisse, mon petit ventre de trois mois ?

BAPTÊME DE L'AIR

Trésor et moi nous apprêtons à prendre l'avion ensemble pour la première fois. Faire les bagages ne m'a jamais semblé si compliqué. Devant moi sont étalés tous ses vêtements, jouets et gadgets qui me semblent indispensables.

*

*   *

Calcul rapide. Considérant que nous partons six jours et que nous n'avons aucune idée de la météo à destination *(Orlando, pour être plus précise)*, il va falloir emporter au moins deux pantalons, deux pulls, deux shorts, deux t-shirts, deux robes, deux maillots de bain, des sandales, des bottines… Sans compter

les couches, les bavoirs, les lingettes, les galettes de riz, les céréales, le toutou singe hurleur et tutti quanti. J'ai beau vouloir appliquer les principes 101 des vêtements interchangeables, comment savoir qu'elle ne renversera pas le contenu de son assiette Mickey Mouse sur son short blanc dès le premier jour ? Hum ! Trois pantalons, trois pulls, trois shorts...

Moi qui me faisais un point d'honneur de tout caser dans des sacs suffisamment petits pour m'éviter les soutes à bagages lors de courts séjours, je me retrouve, en ce matin d'octobre, devant une évidence foudroyante : ma nouvelle vie n'entre dans aucune de mes mini-valises. Pire : je vais devoir me résoudre à l'idée de faire maintenant partie de cette catégorie de voyageurs que j'ai toujours regardés un peu de haut, ceux dont on soupçonne le barda de dépasser la limite de kilos autorisée. Ouille ! De voyageuse-tortue qui transporte sa maison sur son dos, me voilà sur le point de me transformer en âne, tirant derrière moi ma malle-charrette surdimensionnée.

J'ai donc dû choisir une valise la veille de notre départ.
À l'aéroport, je découvre que ma Bugaboo est maintenant interdite à bord des cabines du transporteur aérien. *(« Nous avons désormais des règles très strictes et seules les poussettes parapluies peuvent être apportées à l'intérieur. »)* J'installe donc Petit Trésor et ses huit kilos six cents dans le sac ventral, range mon ordinateur dans mon mini-sac à dos, et je cours faire emballer le carrosse de ma princesse avant de le voir partir sur le tapis roulant avec mon *(immense)* achat.
– Venez avec moi, me glisse l'agent qui vient de s'occuper de mes bagages.
Il me fait passer devant la longue file du contrôle douanier. Je me sens soudainement plus en paix avec mon nouveau mode de vie.

Baptême de l' air

Je ne voyage peut-être plus léger, mais grâce à Petit Trésor, j'ai maintenant l'impression de voyager en première classe !

LE TEMPS DES « FÊTES »

Près de deux heures de retard, trois autobus et une crise. Une grosse crise d'intensité 9,5 sur l'échelle Petit Trésor. Une crise de TROIS heures.

Je déteste les voitures. Je n'ai jamais compris pourquoi une carcasse de ferraille pouvait constituer une telle fascination chez l'*Homo erectus (surtout chez les spécimens à poil)*. Je pige encore moins l'obstination des gens à conduire comme des fous sur des routes glacées. Depuis que j'ai failli laisser ma peau quelque part entre Montréal et La Tuque, je prends le train. Ça tombe bien : j'adore ça. Qu'ils soient constamment en retard ne me dérange pas le moins du monde. Dès que je monte à bord, le temps s'arrête de toute façon. On se met volontairement « entre parenthèses », confortablement assis près d'une fenêtre immense où défile un paysage dont les automobilistes ne peuvent pas profiter. Le hic ? Les horaires. C'est la raison pour laquelle nous avons dû nous rabattre sur l'autobus pour arriver à temps chez les grands-parents à Noël cette année.

11 h 5. J'habille Petit Trésor – réveillée en pleine sieste matinale *(pouvez-vous m'expliquer pourquoi les bébés finissent par s'endormir systématiquement* CINQ *minutes avant l'heure de départ prévue ?)* – en appelant un taxi. Chéri s'occupe de nos 4 732 746 832 sacs.

– Il n'y a plus de place, annonce le chauffeur d'autobus en faisant monter le passager qui était juste devant nous dans la queue.

Je dépose Petit Trésor et mes sacs, pendant que Chéri se déleste des 4 732 746 830 autres.

– On aura bientôt un autre autobus ?

– Oui, ça ne devrait pas être long.

Le BuS Pour QuéBec arrive DANS 2 MINUTES ! ...

Pas long... Près de soixante minutes après l'heure de départ prévue, nous apercevons enfin le mastodonte bleu. Notre sprinteuse/danseuse/G.I. *(elle se cache partout et attaque sournoisement)* est exténuée, après avoir exploré le terminus en courant, virevoltant, rampant.
– Elle va bien dormir, me glisse son père.
Sitôt montée à bord, elle se met pourtant à se secouer comme si elle avait des puces. Elle veut descendre, grimper, manger et jouer, mais pas dormir. Vraiment pas.
Un cri. Un deuxième. Et un autre... C'est le temps des « Fêtes », me dis-je en imaginant le reste du voyage.

Une crise de TROIS HEURES, disais-je. À Québec, où nous devons faire un transfert *(le premier de deux pour nous rendre à destination)*, le chauffeur du second autobus nous accueille en nous demandant :
– Est-ce que ça vous dérangerait d'attendre le prochain départ dans trois heures ? Il n'y a plus de place...

Le temps des « fêtes »

Là, c'est la maman qui s'est mise en mode crise. Une bonne crise avec des mots, beaucoup de gestes, et quelques cris.
Après une bonne vingtaine de minutes de négociation, le chauffeur *(heureusement très gentil et patient !)* convainc un voyageur de céder son siège moyennant un billet gratuit.

Étrangement, les passagers ont trouvé Petit Trésor exemplaire pendant cette partie du trajet...

LES GRANDS-PARENTS

Je n'ai pas grand-chose en commun avec ma mère, mis à part un vague air de famille. Elle a horreur des voyages, préfère la forêt au béton et avoue prendre plaisir à faire la vaisselle *(vous la croyez, vous ?).* Mais depuis l'annonce de ma grossesse, nous partageons ceci : un amour inconditionnel pour cet amas de cellules qui est devenu Petit Trésor. Idem pour mon père, qui n'a jamais été très porté sur les *gagagougous* et qui prend maintenant plaisir à faire du shopping pour sa petite-fille, lui parle au téléphone et invente mille et un jeux pour la faire rire.
Le hic ? Mes parents habitent à plus de sept heures de route de chez nous. Quant à ceux de Chéri, ils vivent à une bonne douzaine d'heures... d'avion ! Vous dire à quel point j'envie mes copines quand elles me parlent

de la relation bébé-grands-parents, entretenue par de nombreuses activités hebdomadaires ! Sans compter les quelques heures de répit que ces derniers leur offrent ici et là... Qui d'autre peut en effet débarquer in extremis avec le sourire quand on a une soudaine *(et irrépressible)* envie d'aller voir le dernier film mettant en vedette Johnny Depp ?

C'est ce que je m'évertue à expliquer à un ami angoissé à l'idée de voir sa mère se pointer à tout bout de champ quand il sera père.
– Tu n'as aucune idée de la chance que tu as de l'avoir à quelques kilomètres de chez toi !
– Chance ? Ça paraît que tu ne la connais pas !
– Ça paraît que tu n'as pas encore d'enfant !
– Mais elle va mettre son nez partout, tout le temps ! Me dire comment éduquer mon kid, critiquer ma manière d'agir, mes choix...
– Tu ne penses pas que devenir père serait un bon moment pour mettre fin à ta *crise d'adolescence* et dire enfin à ta mère que tu la trouves envahissante, point ?

– Mouais...
– Et puis, proximité ou pas, les mères restent les mères. Même si on les adore, elles ont le pouvoir de nous mettre en rogne avec ce qui semble être des banalités pour d'autres. Elles nous renvoient une image de nous-mêmes déformée parce qu'elles se souviennent de l'enfant et de l'ado qu'on était, mais ne connaissent pas forcément bien l'adulte qu'on est devenu *(on veut l'oublier, nous, la phase boutons-lunettes-broches)*. Elles nous énervent parce qu'on a horreur d'admettre qu'elles ont parfois raison. On les trouve dépassées, réfractaires au changement, obstinées...
– Te rends-tu compte que ta fille dira tout ça de toi dans une vingtaine d'années ?
Ouch.

Ce jour-là, je me suis fait la promesse solennelle de rester une « Mama Cool » *ad vitam* (« Grand-Mama Cool », *ça sonne plutôt bien, non ?*). Une seconde après, j'entendais déjà Petit Trésor : « "Cool", on ne dit plus ça depuis l'ancien temps ! »

FEMME FONTAINE

À mon insu, la maternité m'a changée en mauviette de première. Plus question de faire ma dure à cuire en regardant *24* : je me transforme en véritable fontaine quand une prise d'otage implique un gamin. Une pub pour venir en aide aux enfants malades ? Mes larmes sortent de leur lit et inondent mes joues en moins de temps qu'il n'en faut pour appuyer sur « power ». Un reportage sur les enfants soldats ? Tsunami à l'horizon ! On m'avait dit qu'avoir un enfant me rendrait plus humaine. On ne m'avait pas dit que je pourrais faire vivre Kleenex à moi seule !

Dès qu'une image à haute teneur en émotion se pointe sur l'écran, Chéri jette un coup d'œil en biais, pour voir

... et maintenant, les Petits chanteurs à la Croix de Bois !...
?

si celle qu'il a connue fan de films ultraviolents est en train de réprimer un *(autre)* sanglot. Immanquablement, j'explose. Je rends les larmes. Tolérance zéro face à la souffrance d'un enfant, peu importe son sexe, sa nationalité ou la marque de ses chaussures. Si la libération de Clara Rojas m'a fait pleurer de joie, c'est l'histoire de sa séparation et de ses retrouvailles avec son petit Emmanuel, né alors qu'elle était détenue par les FARC, en Colombie, qui m'a le plus secouée. Et je ne vous raconte pas dans quel état j'étais quand j'ai vu Ingrid Bétancourt serrer ses enfants dans ses bras... Inversement, les bouffées de bonheur ont aussi un effet direct sur ma production lacrymale. Le premier éclat de rire de Petit Trésor a par exemple fait monter en moi un véritable raz de marée *(le plus beau jour de ma vie !)*. Quand elle vient spontanément me faire un gros câlin ou qu'elle lance des « t'aime » à la volée, je sens de temps en temps poindre une averse passagère. La voir heureuse, voilà ce qui me « rince l'œil » désormais.

La grande question maintenant : est-ce temporaire ou devrais-je prendre un abonnement au mascara *waterproof* ?

La maternité, ça se soigne ?

ELLES M'ÉNERVENT !

Cinq heures, huit minutes. C'est le temps qui s'est écoulé entre l'arrivée à l'hôpital de mon ami d'enfance, sa copine… et la naissance de leur petit Edgar. « Elle a fait ça comme une pro », m'écrit fièrement le nouveau papa en parlant de sa douce.

*

* *

Retour en arrière.

Je viens de passer mon deuxième examen sanguin, confirmant que je n'ai pas halluciné le résultat des deux tests de pharmacie et de la première prise de sang. Sans tarder, je saute sur le téléphone.

– Je suis inscrite ? Wou-hou !

J'ai l'impression d'avoir gagné à la loterie : je viens de réserver l'une des quelques places disponibles à la Maison de naissance la plus proche de chez moi *(au Québec, en 2006, environ mille bébés sont nés dans une des huit Maisons de naissance de la province)*.
– Venez à la rencontre d'information qui aura lieu la semaine prochaine pour les détails.

Je suis excitée comme une puce le jour du rendez-vous. Pour moi, qui suis à peu près aussi *chill* que Speedy Gonzalez, donner la vie dans un cadre naturel, calme et convivial équivaut à offrir un ticket pour la *« zénitude »* à ma future progéniture *(autant mettre toutes les chances de notre côté, pour qu'elle n'hérite pas de mes travers !)*.
– C'est ici, m'annonce Chéri.
Je regarde le bâtiment qui se dresse devant nous. On dirait... On dirait... Un presbytère ! *Oh my God !* C'est effectivement une ancienne maison de curés.
Dès le pas de la porte franchi, je sais que je ne pourrai jamais mettre Petit Trésor au monde dans cet

endroit. J'ai soudainement dix ans, ma mère m'oblige à aller à la messe et moi, je veux jouer avec mes amis. Je vois presque le prêtre descendre du grand escalier... AAAAAAAAAAAAAH !
Chéri et moi prenons malgré tout place dans la salle où a lieu la rencontre. Autour de nous, des parents de différentes nationalités. Tous affichent cet air hyper « décontract' », cet air que je n'ai jamais eu, moi, la parano-mélo-hyper-trop-« touttte ». Une vidéo nous montre une femme complètement euphorique en train d'enfanter. Je scrute discrètement les visages des autres futurs parents. Toujours cet air...
– Eh ! Ho ! Savez-vous quoi ? Il va sortir par ici le bébé, et ça ne fera pas de bien ! Alors pourquoi souriez-vous comme ça ?
Je me suis retenue, mais j'avais envie d'exploser. Oui, les femmes accouchent depuis toujours. Oui, la plupart survivent. Mais comment peut-on être aussi relax devant un événement de cette importance, alors qu'on nous répète qu'il aura une influence sur toute la vie de notre progéniture ? Que les histoires d'horreur se répandent comme une bonne gastro de garderie ? Qu'on peut être coupées, déchirées,

charcutées, ensanglantées ? Sans parler des anomalies qu'on peut découvrir seulement à la naissance... AAAAAAAAAAH !!!!!!!!

La visite des lieux n'atténue pas mon malaise. La déco me rappelle les *hostels* les plus *cheap* dans lesquels j'ai logé.
– Wow ! C'est bien ! s'exclame une fille à côté de moi qui incarne à elle seule tous les clichés accolés aux hippies.
Je comprends à cet instant que même avec toute la bonne volonté du monde, je suis tout sauf une « sage femme ». Vite, un docteur !

*
* *

Cinq heures, huit minutes. Accouchement naturel, zéro problème. Complètement « décontract' ». Pas de doute, Edgar sera zen. Jalouse, dites-vous ? Je dirais même verte... comme les blouses des chirurgiens !

LES FESSES

Elles me font ch… Et pas que dans le sens littéral.

Mes miches bien blanches gonflent comme du bon pain. Mauvais dosage dans la recette ? Overdose de levain ? Quoi qu'il en soit, mes fesses n'ont aucune considération pour le reste de mon corps. Comment expliquer, sinon, le fait que mes seins soient redevenus aussi minuscules qu'avant l'arrivée de Petit Trésor, mais qu'elles semblent avoir pris comme modèle celles de Beyoncé ? En langage télé, je dirais que mon corps n'est pas « raccord ». J'ai les seins de Kate Moss et le postérieur *(plus les hanches)* d'une callipyge pulpeuse. Hey ! Là-haut ! Ce n'est pas dans le bas du dos que j'avais demandé une belle « craque » !

Je ne comprends plus mon corps. Il est vrai que ma nouvelle vie en banlieue m'a rendue plus sédentaire. Vrai aussi qu'un an après la naissance de ma fille adorée, j'étais en dessous de mon poids habituel sans avoir mis les pieds dans une salle de gym *(je sais, là c'est moi qui fais ch...)*. Puis, poup ! Mon postérieur s'est mis à enfler pendant que mes seins – qui produisent toujours du lait pour Petit Trésor, mais en quantité beaucoup moins importante – faisaient « pfffzouuit » *(bruit de « ballons » qui dégonflent)*. Et je ne vous parle pas de mon ventre. Moi qui l'ai toujours eu plat sans aucun effort, voilà que mes excès de brownies me rappellent à l'ordre.

Heureusement, Chéri vit le même phénomène. Après avoir coupé ses *dreads (snif)*, il a été frappé par cette révélation supralucide :
– C'est bizarre, on dirait que ma tête n'est plus du tout proportionnelle à mon corps. Elle est plus petite ! C'est parce qu'on élargit en vieillissant.
Plus « large », mais quel grand sage !

C'est donc à deux qu'on a décidé de couper dans les brownies, qu'on a l'habitude de déguster en cachette *(pas question de transmettre notre vice à Petit Trésor, qui semble fort heureuse avec ses biscuits bio-grano-sans-gras-trans)*.
Et de se prendre les miches... en main !

MOI, UNE DROP-OUT DES COURS DE YOGA ?

Dans un éclair de génie *(du genre « c'est le début de l'année, je me prends en main »)*, je me suis inscrite à des cours de yoga.

Enceinte, alors que j'étais dans une phase « autohypnose-acupuncture-ostéopathie-tisanes-et-patchouli » *(bon, peut-être pas de patchouli)*, Futur-Petit Trésor et moi allions nous relaxer chaque jeudi avec d'autres bedons bien ronds. Le temps de me remettre du rush précédant le cours *(Aaaaaah ! Je vais être en retard ! Je vais être en retard !)* et de me rappeler comment respirer *(pro-fon-dé-ment !)*, j'arrivais à bénéficier d'une vingtaine de minutes de « vraie » détente *(ce qui était déjà plus que dans une semaine entière de mon ancienne vie de célibataire sans enfant, où gérer boulot, sorties, amis et tutti quanti relevait de la jonglerie extrême).*

Mais depuis que bébé est là, j'ai tout oublié. Toutes ces semaines d'apprentissage zen se sont évaporées au moment où j'ai crevé mes eaux *(sur l'échelle de la « zénitude », mon accouchement a bien dû se situer à – 10 000)*. De là mon désir de m'offrir une heure trente de bien-être hebdomadaire, quatre-vingt-dix minutes sans penser à quoi que ce soit d'autre qu'à mon nombril et au corps qui s'y rattache. Le défi est de taille.

Me voici donc dans une salle de classe – sans ventre rond ni bébé – à la recherche du « Om » perdu *(ou pas encore trouvé ?)*. J'arrive fièrement avec un gros cinq minutes d'avance.
Et là, vient le temps de respirer.

La prof : – On laisse entrer l'air dans le ventre, puis dans la cage thoracique, et dans la poitrine.
Dans ma tête : – De l'air dans la poitrine ? Comment voulez-vous qu'il y en ait alors que je viens de gonfler mon ventre et ma cage thoracique ???
On respire. Encore.
La prof : – Maintenant, on va faire le pont. Continuez la respiration yogique en même temps. On enroule le dos... On déroule...
Dans ma tête : – Eh ! Ho ! Pas si vite ! J'inspire ou j'expire en « enroulant » ? Et puis c'est quoi ça, « enrouler », quand on parle de dos ? Enrouler vers le haut ou vers le bas, genre ? Me semble que mon corps a le goût d'avoir de l'air, lui, pas d'en rejeter... Si je gonfle trop mon ventre, est-ce que je risque d'avoir des vergetures *(la prochaine fois, je me tartinerai de beurre de karité comme quand Petit Trésor était à bord)* ? Merde... Elle a dit quoi, là ? « Expirer » ou « inspirer » ? Je ne me souviens plus si j'étais rendue à gonfler la cage thoracique ou la poitrine... Oyoye ! Je commence à manquer d'air ! Je dois être toute bleue ! AAAAAAAAAH !!!!!!!!!!!!

– Je m'excuse, je dois quitter plus tôt aujourd'hui, j'ai un rendez-vous…

Je sors précipitamment de la salle de classe. Et je respire enfin. N'importe comment, mais beaucoup plus librement !

JE VEUX VOIR LA MER

Des mois que j'en rêve.

La Mer de Charles Trenet passe en boucle dans ma tête. L'envie de sauter dans un avion pour aller la voir danser me donne le goût de tout plaquer, là, tout de suite.
Un beau matin de janvier, je décide que ça suffit. Plusieurs clics et coups de fil plus tard, j'annonce à Chéri que nous partons pour Punta Cana.

Trois semaines plus tard, nous foulons le sol de la République dominicaine. Chéri et moi devons ressembler à deux zombies *(nous cumulons à deux*

environ dix heures de sommeil en quarante-huit heures, rush pré-départ oblige) et Petit Trésor est tout déboussolé. Les gargouillis de nos ventres m'amènent à me questionner sur une potentielle parenté avec *Shrek*.
L'idée d'une assiette de fruits de mer vire carrément à l'obsession au moment où nous posons nos valises dans notre chambre.
Puis, un hic.
– Chéri, le loquet de la porte patio est cassé, impossible de verrouiller !
D'interminables tergiversations suivent : « Non, nous ne pouvons pas vous donner une autre chambre : elles sont toutes occupées », « Non, nous ne pouvons pas faire la réparation ce soir »…. Un homme à tout faire finit par installer un manche à balai au bas de la porte. Le lendemain matin, nous découvrons une araignée géante dans la salle de bains. Re-négo pour déménager…

Je veux voir la mer

Six heures plus tard *(transfert, problème de clés et autres menus détails tout aussi passionnants)*, nous apercevons enfin la Grande Bleue. Devant nous se dessine une immense murale *(style mur d'un salon typique des années quatre-vingt)* avec des centaines de touristes rouges et blancs à l'avant-plan. Je chasse l'image-miroir que me renvoie cette vision d'horreur *(moi, faire partie de ce genre de tableau ? Jamais !)* et savoure le bonheur de la voir, Elle. J'échange un sourire avec Chéri et nous courons pour la laisser lécher nos pieds, tout heureux que Petit Trésor la voie pour la première fois.
Notre bonheur a été de courte durée. Notre fille adorée, elle, a décidé qu'elle DÉTESTAIT la mer ! Avant que ses larmes ne créent un nouvel océan, nous avons abdiqué. Demain, peut-être succombera-t-elle, elle aussi ?

En attendant, les paroles de Trenet, les vingt-sept degrés et la piña colada que je sirote me donnent malgré tout envie de danser...

UN AMOUR DE VACANCES

En un regard, ils ont oublié tout ce qu'il y avait autour. Ils ont couru l'un vers l'autre, se sont souri, ont tendu les bras, se sont touchés, puis embrassés.
Elle : deux ans passés, sénégalo-québécoise aux pompons bouclées ; lui : dix-huit mois, 100 % polonais, blond comme les blés. Je vous jure, elle a fermé les yeux et sorti la langue au moment fatidique *(qui lui a montré ÇA ?)*. Chéri et moi avons d'abord assisté à la scène amusés, charmés *(comment en venons-nous à perdre cette spontanéité en vieillissant ? Si on restait aussi transparents avec les années, on perdrait beaucoup moins de temps avec des règles stupides comme les trois jours d'attente « obligatoires » avant de rappeler quelqu'un qui nous plaît)*, puis un brin inquiets.

Après de longues minutes à se cajoler, à imiter les gestes de l'autre et à danser, Petit Trésor et son prince *(il s'appelle Filip)* refusent obstinément d'aller rejoindre leurs parents respectifs. Il faut littéralement les arracher l'un à l'autre pour pouvoir quitter le restaurant. La scène déchirante qui s'ensuit aurait fait fureur dans un film bollywoodien. Au loin, les cris du prince. Devant nous, notre fille éplorée, le regard éperdument triste. Ne manque que la musique mélodramatique pour intensifier l'expression des protagonistes. Roméo et Juliette en couches-culottes.
Petit Trésor a tournoyé un moment au milieu du restaurant et a refusé de manger.

Le lendemain à la même heure, le prince fait son entrée. Il balaie la salle du regard et aperçoit Petit Trésor, qui hésite entre une bouchée de pâtes et une crevette, bien installée sur son trône. Filip demande à sa mère de l'aider à descendre de sa monture et court vers la petite. Je la dépose par terre, persuadée qu'elle se jettera à nouveau dans les bras du beau blondinet. Elle lui offre son plus beau sourire, puis semble hésiter. Alors que Filip se met à lui caresser les cheveux, la petite le toise sans broncher. On voit presque ses pensées s'afficher à mesure qu'elles se heurtent les unes aux autres. Dans une bande dessinée, on lirait probablement ceci dans les phylactères-nuages, au-dessus de leurs têtes :

Petit Trésor : – Pour qui se prend-il celui-là ? Hier, j'ai eu un moment d'égarement, mais s'il croit me séduire comme ça chaque fois qu'il me voit ! Pfff !

Elle détourne les yeux.

Filip (jouant les mystérieux avec un demi-sourire séducteur et un regard en coin) : – Allez *baby*, je sais que je te plais...

Petit Trésor : – C'est vrai qu'il est plutôt mignon. Un peu trop sûr de lui, mais ça fait du bien dans ce monde où chacun garde ses émotions pour soi... Que faire ?

Filip (le regard langoureux, s'avançant pour l'embrasser) : – Donne-moi ta bouche, voyons, n'aie pas peur de moi...
Petit Trésor lui donne un baiser rapide, plus du type « mouan » que « slup-slup-slup ». Un large sourire éclaire le visage du garçonnet, qui se met aussitôt à applaudir, l'air triomphant.
Petit Trésor : – Alors, c'est ça ? Je n'étais qu'un défi de plus à relever pour toi ?
La belle lui colle une baffe, se retourne et lui fait « *bye bye* » de la main, avant de tendre les bras à Chéri.
Petit Trésor : – Tous des salauds... sauf papa !
Et elle se met à applaudir à son tour.

PRESCRIPTION : NUTELLA

Petit Trésor doit manger du gras. Ce n'est pas moi qui le dis, c'est son médecin.

– Elle est à la limite de sa courbe de croissance. Il faut qu'elle boive du lait 3,25 %, qu'elle mange du beurre d'arachides...

– De la crème glacée ? lançé-je à la blague, me rappelant les méga milkshakes que j'engouffrais quotidiennement, enceinte.

– Oui, c'est une bonne idée ! Donnez-lui aussi du Nutella.

Du Nutella...

*

* *

MISS NUTELLA

Retour en arrière *(regard dans le vague, fondu enchaîné)*. *The Best of The Doors* joue en boucle dans mon walkman. J'ai seize ans, je quitte le nid familial pour poursuivre mes études, je me suis débarrassée avec soulagement de mes lunettes, broches et boutons et me la joue à fond alterno-hippie. Surtout, je fais mes premières emplettes toute seule, comme une grande. Résultat : je prends cinq *(dix ?)* kilos en l'espace de quelques semaines *(jours ?)*. Coupable : le Nutella *(ma mère refusait d'en acheter)*. Aucun contrôle. Je ne le mange même pas sur du pain, je le déguste à la petite cuillère. Rapidement, le nom de mon produit chouchou devient mon surnom.

Forward. Me voici maintenant dans la vingtaine. Je revois le film de mes ex qui défilent devant mon frigo.
– C'est écrit « Ne pas réfrigérer », me fait un jour remarquer l'un d'eux en constatant que j'y avais rangé mon péché mignon.
Un amateur. *(J'ai compris à ce moment-là que nous n'étions pas faits l'un pour l'autre.)* Quoi de plus

délicieux que le Nutella froid ? Quelques cuillères ont d'ailleurs laissé leur manche dans mes péripéties gourmandes.

*

* *

Bang. Retour à la réalité.

– Du Nutella, docteur ? Vous êtes sûr ?

– Oui, c'est très bon, lisez la liste des ingrédients. Je le conseille à tous les enfants qui refusent de prendre le petit déjeuner.

Soupir. J'ai tout fait pour que Petit Trésor n'attrape pas ma « Nutellaïte aiguë ». Ma fille chérie a goûté son premier dessert le jour de son premier anniversaire, mangé des crêpes avec des fruits plutôt que du chocolat, bu du jus de fruits 100 % pur. Le cacao étant pour moi une drogue dure, je n'allais tout de même pas l'entraîner sciemment dans le vice ! Je voulais retarder le plus longtemps possible le contact de mon bébé bio *(et équitable, tant que possible)* avec toute espèce de cochonnerie. Le Nutella ? Banni *(j'admets tout de même quelques rechutes)*. Mais puisqu'il faut ce qu'il faut...

Le lendemain, Petit Trésor et moi partons en expédition « gras ». Dans notre panier d'épicerie : de la crème glacée aux fraises, du lait entier, de quoi nous faire des burritos...

Résignée, je lui donne une tartine de Nutella en arrivant à la maison.

– Non ! s'exclame-t-elle avec dédain.

– Non ? hurlé-je presque en me demandant si ma fille est bien ma fille. Puis elle me montre ses mains enduite de l'onctueuse mixture *(aux arômes de noisettes... hum !)*.

J'avais oublié : elle a horreur d'avoir quelque substance que ce soit collée à ses petites paluches.

Du coup, devinez qui prend du poids depuis la visite chez le médecin ?

DANS MA TÊTE, J'AI TOUJOURS VINGT-SIX ANS

Je ne sais pas pourquoi vingt-six. Peut-être parce que c'est l'année où tout a changé. Où j'ai quitté boulot et pays pour partir à la recherche d'absolu de l'autre côté de la Terre. Peut-être à cause de mes cheveux orange ébouriffés de l'époque. De ce chandail de la même couleur que j'aimais tant. Je ne sais pas pourquoi vingt-six, puisque c'est aussi l'année où j'ai vécu mille déceptions amoureuses. Mille désillusions. Cent mille milliards de questions.

Quand je regarde Petit Trésor, je me dis qu'elle aussi aura un jour vingt-six ans. Continuera-t-elle à voyager ou en aura-t-elle eu assez de poser sa valise un peu partout sur la planète avec ses parents ? Sa peau

sera-t-elle toujours café au lait ou tirera-t-elle davantage sur le noir ? Sera-t-elle une *serial lover* ou déjà mère et rangée ? Johnny Depp sera-t-il toujours aussi sexy *(oups, désolée, je m'écarte du sujet...)* ?
À cet âge, je n'étais pas certaine de vouloir d'enfant. J'aspirais à rencontrer l'amour avec un grand A, celui qui me ferait perdre la tête comme le champagne dont je raffolais. Je cherchais à rencontrer celui que je cherchais dans le visage des étrangers qui croisaient ma route. À me trouver, moi, alors que je croyais si bien me connaître. À vivre la pédale au fond, comme si chaque journée était la dernière. Je devenais de plus en plus consciente du temps et le voyais filer à toute allure sans mon consentement.

Dans ma tête, j'ai toujours vingt-six ans. Je profite de la vie avant qu'elle ne profite de moi. J'ai envie de spontanéité, de projets fous, de folie des grandeurs. L'absolu reste ma quête. Le monde m'appartient. La différence ? Je le partage avec d'autres. Je ne me nourris plus d'illusions, mais d'espoir. Celui que mon homme *(rencontré l'année de mes vingt-sept ans)*, ma fille et moi restions unis, heureux, en santé et en sécurité *(ce que je deviens ennuyeuse avec l'âge !)*. Les cent mille milliards de questions sont pourtant toujours là et c'est très bien ainsi. Je sais que je n'arrêterai jamais de chercher. Que l'amour n'a pas besoin d'être majuscule quand on le ressent très fort, comme une évidence *(mais jamais comme un acquis !)*, que l'important est de ne jamais se sentir soi-même minuscule. Que mon cœur bat toujours, même si son rythme est un peu plus régulier. Et que Johnny Depp sera toujours aussi sexy passé soixante ans.

Dans ma tête, j'ai toujours vingt-six ans. Mais avec quelques années de plus...

LES SIX COMMANDEMENTS DES NON-PARENTS

Un mercredi ensoleillé. Il est à peine 10 heures et Petit Trésor vient de s'endormir dans sa poussette pendant une « expédition commissions ». Il n'en faut pas plus pour que je m'installe tranquillement sur une terrasse, livre à la main, sourire aux lèvres, bébé à l'œil. Quel bonheur d'avoir un moment de répit imprévu !

– HOOOON ! ELLE FAIT DODOOOO !

Pincez-moi, je rêve. La serveuse vient de se pencher au-dessus de la poussette en criant. Oui : en criant pour souligner le fait qu'elle dort !

– HOOOON ! QU'ELLE A DE BEAUX YEUX !

Je lui souris poliment avec l'envie de hurler à mon tour : « T'AS PAS COMPRIS QUE SI SES YEUX SE SONT

SOUDAINEMENT OUVERTS C'EST PARCE QUE TU VIENS DE LA RÉVEILLER, IMBÉCILE ? »
Je n'en suis toujours pas revenue. C'est pourquoi, dans le but de protéger ladite serveuse d'éventuelles mères aux instincts plus violents que les miens, j'ai élaboré les « six commandements pour ne pas vous faire détester des mères » que je compte glisser « subtilement » près de la caisse *(ou carrément dans un menu)* lors de ma prochaine visite.

1) Tu ne crieras point. SURTOUT PAS pour annoncer à la Terre entière que le bébé au-dessus duquel vous êtes penché DORT. Si vous le faites quand même, vous devrez rapidement conjuguer « dormir » au passé et « prier » au présent devant l'air massacrant de la mère que vous venez de mettre en beau fusil.
2) Tes conseils tu garderas. On doit déjà se taper ceux de sa mère, de sa sœur et de la cousine germaine de l'arrière-grand-mère de la fille du voisin. Alors le vôtre, on s'en soucie sûrement autant que vous de nos recettes de purées !

3) Honore le père et la mère. Surtout s'ils sont encore ensemble après des centaines de couches, de crises, de nuits blanches et de « coïts interrompus » ! Évitez aussi de leur demander « à quand le deuxième ? » *(ou le troisième)*. Soulignez plutôt leur courage et leur persévérance...
4) Des friandises tu n'offriras pas. L'intention est peut-être bonne, mais considérant les risques d'étouffement, on se permet d'en douter. Les bonbons, les caramels et les chocolats, c'est bon dans les chansons de Dalida. Pas dans la bouche d'un bébé !
5) Une certaine réserve tu garderas. Vous demande-t-on constamment si vous êtes « propre », vous ? Si vous faites de « beaux » cacas ? Non mais...
6) Tu ne jugeras point. Le jour où vous vous retrouverez avec un enfant qui fait le bacon à l'épicerie un samedi après-midi après avoir cassé deux pots de sauce à spaghatt' dans l'allée, on reparlera de la morale qu'on n'a pas faite, des failles de notre discipline, de notre manque de contrôle et du bout de notre nez, mené par un bébé « mal élevé ».

Si, après ça, la serveuse me refait le coup, je l'invite à une journée « tout inclus » dans ma vie *(excluant Chéri, bien sûr)*. Quand elle sera enfin endormie, après les multiples changements de couches, les deadlines du boulot, l'escapade au parc, les crises, les repas, le bain, l'histoire, etc., je me pencherai à dix centimètres de son oreille et lui lâcherai : « ALORS ? ÇA FAIT DU BIEN DE SE REPOSER, HEIN ? » Parions qu'elle ne me laissera pas de pourboire...

DROGUE À TARTINER

Certaines se soûlent au café. D'autres, comme Linette dans *Desperate Housewives*, piquent les comprimés de Ritalin de leur progéniture. Les plus zen se tournent vers la méditation, le yoga ou les *smoothies* au gazon. Moi, depuis ma dernière visite chez le médecin avec Trésor, pour me donner un petit coup de pep, j'engloutis... une cuillerée de Nutella ! Journée type dans la vie de Mama Cool.

5 h 30

– MAMAAAAAN !

Je me lève du lit d'un bond *(impossible de me réveiller en douceur)*. Petit Trésor m'accueille debout dans son lit, le pouce dans la bouche, les cheveux en bataille et les deux yeux dans le même trou. J'aperçois ses petites dents blanches. Ouf, elle est de bonne humeur. Je l'emmène dans notre lit en espérant qu'elle se rendorme. Vingt minutes de sursis ? Dix ? Une petite tétée fera peut-être l'affaire...

5 h 55

– En bas ! Manger ! Parc ! Jouer ! Amiiiiis !

Note à moi-même : arrêter de penser que l'allaitement va aider ma fille à se rendormir. Elle n'a plus six mois ! Je me résigne, lui brosse les dents, lui lave les mains, et hop ! direction la cuisine.

(Première cuillerée de Nutella pour maman.)

7 h 46

Je parcours le journal pendant que bébé joue tranquillement. Elle me semble bien silencieuse soudain... Mauvais signe. Je la trouve en train de foutre des céréales dans mon tube de rouge à lèvres préféré. Et de les manger ensuite. Sa bouche est rouge rubis...

(Deuxième cuillerée de Nutella.)

11 h 30

Après une heure à jouer au parc.

– Non ! Pas ça ! Parc ! Parc ! Cuiiiiiiit *(traduction : biscuit)* !
Je tente de ne pas l'échapper alors qu'elle hurle et gigote dans mes bras. Pas de doute : transporter Petit Trésor ainsi jusqu'à la maison me permettra de brûler pas mal de calories.
(Troisième cuillerée de Nutella.)
12 h 15
Mon petit ange verse le contenu de son assiette sur elle-même. Au menu : pantalon au riz et chandail nappé de sauce tomate, le tout parsemé de morceaux de poisson *(un délice)*. Chéri attrape ses pieds, je saisis le haut de son corps et nous la retournons doucement pour éviter que le plancher se transforme en tapis basmati. Nous échouons.
(Quatrième cuillerée de Nutella.)
12 h 45
– C'est l'heure de la sieste, ma chérie !
– NOOOON ! PAS ÇA !!!!!!!!!!
Pas de négo possible, elle dormira, point. Pendant ce temps, maman pourra travailler un peu…
(Ce coup-ci, je résiste.)

15 h 18

– *Oh shit !*

Ce n'est pas moi qui le dis, mais ma fille adorée, qui vient de renverser de l'eau. Je pense qu'il est temps de nous mettre à surveiller notre langage, Chéri et moi.

(Cinquième cuillerée de Nutella.)

17 h 15

Bébé recrache systématiquement les morceaux de viande après les avoir mastiqués. J'arrive au moins à lui faire avaler un peu de brocoli. Et une minitartine de Nutella...

(Sixième cuillerée de Nutella.)

19 h 15

– NON ! PAS ÇA !

Crise pour ne pas se faire laver les cheveux. Quand je lui permets de s'asseoir enfin dans le bain, j'ai l'impression de revenir de vingt kilomètres de course *(avec des poids aux chevilles)*.

– NON! PAS ÇA !

Reste maintenant à la convaincre de sortir du bain.

Drogue à tartiner

(Septième cuillerée de Nutella.)
20 h 35
Bébé roupille, maman allume son ordinateur. Au boulot ! Ça mérite bien une petite cuillerée du Nutella, non ?

Petit calcul non scientifique : si une grosse cuillerée de Nutella contient environ 265 calories *(une portion de 100 grammes équivaut à 530)* et que j'en mange huit dans une journée, cela veut donc dire que j'engloutis pour environ 2120 calories de Nutella en période de stress. Pas pour rien que j'ai toujours eu horreur des mathématiques !

PETIT TRÉSOR EN ASIE

Après une bonne vingtaine d'heures de vol, trois heures de train et six heures d'autobus, je déclare Petit Trésor officiellement « globe-trotteuse émérite ». Durant le seul trajet Detroit-Osaka, Bébé a roupillé pendant au moins huit des quatorze heures de vol. Plus fiers que Chéri et moi, tu t'appelles Tom and Katie et tu fais la une de *People* !

Les hics ? Si nous, adultes, voyons nos traits de personnalité s'amplifier en voyageant, il en va de même pour les enfants. Ainsi, nous avons découvert que si notre fille adore recevoir de l'attention, elle a horreur d'être le centre d'attraction quand la décision ne vient pas d'elle-même. Elle s'est tellement fait caresser la tête *(surtout les cheveux : les Taïwanais semblent très impressionnés par sa crinière bouclée)* que dès que quelqu'un s'approche un peu trop près, elle détourne la tête et cache son visage avec ses mains en criant « NON ! ». Plus question d'échanger un sourire avec un étranger quand elle n'est pas d'humeur, elle lève le nez pour éviter tout contact visuel.

Il y a aussi l'évidente question du décalage horaire. Traverser douze fuseaux n'est pas une mince affaire. Et Bébé n'a pas l'intention de changer ses habitudes de sommeil, même si papa et maman s'accommoderaient très bien de ce petit saut dans le temps.

Grosso modo, voici donc à quoi ressemble notre horaire depuis le début de notre périple :

4 heures : réveil

6 h 45 : petit déjeuner

8 h 15 : départ pour une activité

10 h 45 : rush pour trouver quelque chose à manger

11 h 30 : bébé s'endort
13 h 45 : papa et maman s'effondrent.

Évidemment, plus le programme est intéressant, plus Petit Trésor lutte pour rester éveillé. Les tortues, les koalas, les serpents et les singes du zoo de Taipei, et la mer, et la piscine de notre hôtel de Kenting, au sud de l'île ont, jusqu'ici, connu de très belles performances : dans les deux cas, elle aura résisté jusqu'à minuit, heure de Montréal *(donc midi ici)*. Résultat ? Chéri et moi faisons nos nuits *(courtes !)* pendant ses siestes, et la sieste pendant ses nuits. Toutes nos photos de voyage auront besoin d'une bonne couche d'anti-cernes Photoshop…

LES JOIES DE L'ÉTÉ

Même si, à peine levé, Petit Trésor répète en boucle ses mots favoris *(« jouer », « parc » et « dehors »)*, une fois à l'extérieur, un rien vient troubler son bonheur. Que faire pour chasser les nuages gris ? Quelques solutions aux petits tracas de l'été. À prendre avec un grain de sel... et un grand verre de sangria !

Problème : les mouches, moustiques, et autres bébêtes volantes

Solution *soft* : danser la tecktonik en famille. Non seulement vous chasserez les bestioles en effectuant les mouvements saccadés d'usage, mais vous en écraserez sûrement quelques-unes au passage. En prime, vous serez furieusement tendance !

Solution intermédiaire : le kung-fu. Avec beaucoup d'envergure, fendez l'air avec vos bras et vos pieds en poussant de grands cris. L'objectif est, bien sûr, de chasser les moustiques, mais aussi de distraire bébé, qui devrait rapidement se prendre lui aussi pour un émule de Jackie Chan.
Solution radicale : le port du chapeau-moustiquaire lors de chacune de vos sorties. Recouvrez la tête et les épaules de bébé, il sera bien à l'abri. Prenez soin d'enduire votre marmaille de crème solaire au préalable *(voir problème suivant pour y arriver)*, sous peine de vous retrouver avec un bambin à carreaux.

Problème : le refus de se laisser tartiner de crème solaire

Solution *soft* : expliquer à bébé que le soleil ne dispose pas d'un bouton *off* et que, par conséquent, on ne peut pas l'éteindre quand il brille trop fort. La crème solaire est comme un « imperméable » à rayons qui empêche la peau de devenir « mouillée de brûlé ».

KIAI!

Solution intermédiaire : jouer au pâtissier. À tour de rôle, enduisez-vous allègrement de crème solaire. Incarnez gâteaux, cupcakes et autres petits-fours, qu'il faut garnir de glace. Après, sortez pour cuire à feu doux. *(Bon, dans la vraie vie, on met la garniture après, mais pour votre défense, soutenez que c'est une manière ultra-avant-gardiste tout-en-un.)*
Solution radicale : le « roulé de crème ». Sur un rideau de douche, étendez une généreuse couche de crème solaire. Munissez bébé d'un casque de bain et de lunettes de natation. Couchez-le et faites-le pivoter d'une des extrémités à l'autre. Répétez l'exercice jusqu'à ce que chacune des parties de son corps soit enduite. Dites-lui que le but de l'exercice est d'être « le plus sale possible ». Pour une fois qu'il a le droit !

Problème : les crises pour ne pas rentrer
Solution *soft* : « Demain est un autre jour » n'est peut-être pas la formule idéale pour faire comprendre à votre pupille qu'elle pourra retourner dehors le jour suivant. Sortez-lui plutôt le grand classique québécois

– « La nuit court après le jour » – en guise de leçon d'astronomie. Concluez que le jour est rentré lui aussi, même s'il a plus de deux mille ans !

Solution intermédiaire : créez le « tableau des records *Cooless* ». Si, pendant un mois entier, votre progéniture est rentrée à l'heure *(si elle a l'âge pour jouer seule dehors)* ou n'a pas rechigné à le faire, organisez une « fête de la Lune » au cours de laquelle elle pourra observer l'astre, mais aussi se coucher plus tard.

Solution radicale : mettre la maison en vente et déménager dans le parc.

Si, après tout cela, vous ne profitez pas de l'été, émigrez en Antarctique !

PETIT TRÉSOR
À SOIXANTE ET UN ANS

2068. Je vais à la rencontre de ma fille avec ma marchette Quinny. Comme tous les dimanches, elle vient nous visiter, Chéri et moi, dans notre « centre de villégiature éternel » *(foyer pour personnes âgées ? Soooo 2000 comme expression !)*, où des professionnels du bien-être et de la santé sont à notre disposition vingt-quatre heures sur vingt-quatre *(un massage ? Une boisson « longue vie » ? Un traitement « magie rides », qui efface d'un coup quelques années sur notre visage ? Dire qu'à l'époque, les gens s'injectaient du poison pour paralyser leurs muscles... Pff !)*.

– Je t'ai apporté un cadeau, maman, dit ma fille en pointant l'énorme paquet que deux préposés du centre transportent derrière elle.
– Du chocolat noir ? Des Jelly Belly ? Un nouveau cellulaire ?
– Maman, franchement ! Tu sais très bien que le docteur a dit qu'il fallait que tu arrêtes le cellulaire. Ton cerveau est sur le point de ressembler à une rôtie ! Si ça continue, il faudra te tartiner de beurre de brebis pour qu'il soit moins sec !
– Oui, mais...
– Pas de « oui, mais » ! Tu devrais te mettre à la télépathie, comme tout le monde. Le Dr Schrizenberg offre des cours...
– Pas question ! Je revendique le droit de chérir mes gadgets technologiques jusqu'à ma mort ! Vous et vos techniques primitives...
Petit Trésor se mord les lèvres pour ne pas rire. Je vois clairement que c'est moi qu'elle trouve dépassée avec mes joujoux d'une autre époque. Je pense à mon père, qui fumait comme une cheminée quand j'étais enfant. Avec toutes les campagnes qui ont été faites sur les

téléphones portables, je me dis qu'elle s'en fait peut-être pour moi – et pour les « *ondes secondaires* » ! – comme je m'en faisais pour lui.

Elle me tend un petit sac de Jelly Belly sans sucre et 100 % naturels.
– Ah. Merci, lui dis-je, ne pouvant m'empêcher de penser aux délicieux bonbons 100 % chimiques « de mon temps ».
– Ne fais pas cette tête-là ! Ouvre plutôt ce paquet, dit-elle en pointant la grosse boîte.
Je gare ma marchette et m'exécute docilement. Mes Converse + *(la compagnie s'est spécialisée dans les chaussures pour aînés ces dernières années)* me permettent de me déplacer sans sentir mon poids, un peu comme si je flottais au-dessus du sol.
J'appuie sur le bouton « déballer » *(on n'utilise plus de papier depuis longtemps à cause de leur impact environnemental, mais plutôt des emballages holographiques)* et qu'aperçois-je ? Une poussette

Bugaboo similaire à celle dans laquelle j'ai promené Petit Trésor pendant les premières années de sa vie !

– Je me souviens, tu me disais toujours que tu aimerais qu'on te pousse dans un carrosse comme le mien quand j'étais petite. Alors, quand j'ai vu qu'ils avaient sorti un modèle pour adultes, je me suis empressée de t'en procurer un... Regarde, il y a même une chancelière !
Je me mets à pleurer comme une Madeleine, me rappelant à quel point mon bébé était confortablement installé et bien emmitouflé dans sa poussette. Je me ressaisis et embrasse ma fille adorée. Dire qu'elle écoutait du *new age* et qu'elle fumait du tofu à l'adolescence ! Elle a bien changé, ma puce. Je me sens soudainement envahie par une immense fierté.

– On va au parc ? demandé-je, sourire en coin.

ATTENTION, DÉCOLLETÉ DEVANT !

Trop de beurre sur le homard. De frites avec le poisson. De panure par-ci, de gras trans par-là. De cornets à deux boules. Nous venons de faire le tour du Canada et ne nous sommes privés d'aucun plaisir. Sur le point d'exploser, mon jean favori me fait une plantureuse « craque de plombier ». Bon retour au Québec !

Je sais. Les tailles basses sont out. Mais entre voir du pays et m'offrir une nouvelle garde-robe, je choisis la première option sans aucune hésitation. Et puis, avec la mode des t-shirts qui recouvrent une partie des fesses, elle se camouflait bien, ma craque, avant de

prendre des proportions pamela-andersonesque-du-cul, témoignant ainsi de mes excès de l'été.
Pendant que j'enfilais ma culotte de cheval, Chéri voyait son ventre enfler tranquillement, au rythme des bières sirotées sur les terrasses. Notre fille chérie, elle, faisait la grève de la faim. Trop de choses à voir, de gens à enquiquiner *(impossible de la garder assise à table plus de cinq minutes en ligne au resto)*, d'enfants avec qui jouer. Manger ? Pfff. Des bonbons, oui, mais rien d'autre ! Pas la peine de préciser que la Mama avait la « coolitude » à zéro après quelques semaines de ce régime.

Moi : – Tu ne trouves pas qu'elle a maigri ? demandé-je à Chéri, inquiète.
Lui : – Oui, mais tout reviendra à la normale dès qu'on rentrera à la maison. Ne t'en fais pas !
Moi : – Tu crois que ce sera pareil pour nous ?
Lui : – Que veux-tu dire ?
Moi : – Ben, tu sais, notre look du désert...
Lui : – Hein ???

2 boules? T'es sûre?

Moi : – Moi chameau, toi dromadaire…
Lui : – T'as fumé quoi au juste ?
Moi : – Rien, rien…
Lui : – Alors, c'est quoi ce délire animalier ?
Moi : – Je parle simplement de la bosse qui pousse sur ton ventre et des deux miennes, là *(je palpe mes fesses)*…
Lui : – Très drôle.
Moi : – Il faut qu'on aille faire du shopping, que j'aille faire du shopping. Mes fesses en ont assez de prendre l'air.
Lui : – T'as qu'à te promener la tête en bas en regardant derrière.
Moi : – Quoi ?
Lui : – Comme ça, t'auras enfin le décolleté dont tu rêves !

TRAVAILLER, C'EST TROP DUR

Depuis quelques mois maintenant, ma vie professionnelle est intimement liée aux humeurs de Petit Trésor. Comme je travaille de la maison et que mes horaires sont flexibles, j'ai pris l'habitude de me ruer devant mon ordinateur dès que mon petit lapin Energizer ferme les yeux. Le hic ? Depuis notre dernier voyage, elle refuse obstinément d'aller au lit avant 23 heures !

Me voici donc en train d'élaborer mille et une stratégies pour pouvoir tapocher sur mon portable durant la journée.
Moi : – Bébé ! Viens ! Je vais te donner une feuille et des crayons !

Elle : – Non !
Moi : – Veux-tu dessiner la lune ?
Elle : – Non !
Moi : – Le soleil ?
Elle : – Non !
Moi : – Un papillon ?
Elle : – Non !
Moi : – Un ordinateur ???
Elle : – Non !
Moi : – Maman est en plein *deadline*, là…
Elle : – Non !
Elle se lève, va chercher mon téléphone portable et joue avec tous les boutons.
Moi : – Tu veux appeler grand-maman ?
Elle : – Non !
Moi : – Grand-papa ?
Elle : – Non !
Moi : – Marraine ?
Elle : – Non !
Moi : – Le pape ?
Elle : – Non !

GROS CÂLIN!
Teletubbies teletubbies disent bonjour
Po aime Lala!

Moi : – OK, je te laisser regarder *Trotro* sur mon iPod Touch…
Elle : – NON !
Moi : – *Tchoupi* alors ?
Elle : – Non ! Nodinateur ! Nodinateur !
Moi : – Mais je TRAVAILLE avec l'ordinateur, Petit Trésor !
Elle : – *Teletubbies* ! Nodinateur !
Moi : – NON !
(Note à moi-même : faire réparer le lecteur DVD.)
Elle : – Nodinateur ! NODINATEEEEEEUR !!!!

À ce stade-ci, je songe sérieusement aux petites gouttes homéopathiques destinées à calmer bébé *(que je n'ai jamais osé tester, même en temps de crise)*, achetées un jour de désespoir. À mes arguments anti-garderie à temps plein avant l'âge de trois ans *(les bébés ont avant tout besoin de leurs parents et blablabla)*. Aux CD d'autohypnose que j'écoutais, enceinte *(on prend de grandes respirations !)*. À mes parents et à ceux de Chéri, qui habitent beaucoup trop loin pour venir à notre rescousse. À tout ce que je m'étais promis. Être toujours disponible pour elle. Toujours la faire passer avant le travail. Lui donner le maximum, en tout temps.

J'ai toujours vu la maternité comme une vocation. Le spectre de mes frustrations d'enfant étant toujours présent, je veux suivre le rythme de ma fille et non lui imposer le mien. Mais que dois-je faire quand il est cassé, son rythme ? Comment parvenir à réinstaurer la discipline quand on court dans tous les sens pour arriver à tout faire ? Je me demande si le pape aurait parfois besoin de « *vacances de Dieu* », lui ?

Moi : – OK, viens, on va regarder les *Teletubbies*, mon amour.
Elle : – Ouiiiiiiiiii !!!!
Elle se blottit contre moi, le sourire aux lèvres. Soudain, plus rien d'autre n'a d'importance. Je prends une grande respiration. J'oublie mes dates de tombée.

Mama cool

Au moment d'écrire ces lignes, l'écran de mon ordinateur est séparé en deux. D'un côté, les mots s'alignent dans Word. De l'autre, une bande de peluches géantes exécute des pas de danse en gloussant.

La prochaine fois qu'on ira dans un bazar, je la laisserai négocier avec les marchands !

OÙ SONT PASSÉS LES TUYAUX ?

J'ai essayé. Vraiment essayé. J'ai dit oui à la banlieue, aux ensembles de Baby Gap, au lait bio, aux matinées au parc, aux repas faits maison. Rien à faire. Je ne serai jamais *ma* mère. Ni l'une de celles que je connais.

Ce soir, par exemple, j'ai voulu faire un macaroni à la viande gratiné *(Petit Trésor adore !)*. Je mets l'eau à bouillir et un cube de beurre dans la poêle. Quelques minutes d'égarement et hop ! le détecteur de fumée se déclenche. Le temps de me retourner après avoir rincé la poêle et mit du beurre à nouveau et trois pompiers jaunes – avez-vous déjà remarqué à quel point ils sont JAUNES ? Devant un mur orange, c'est encore plus frappant – se tenaient devant moi. Je frotte mes yeux *(le beurre brûlé peut-il causer des hallucinations ?)* puis les rouvre bien grand. Il y a bel et bien trois spécimens en imper jaune dans ma minicuisine. La preuve que je ne rêve pas : l'un d'eux est en fait un « elle » *(elle n'a jamais été là même dans mes scénarios les plus fous, « elle »)*.

– Que s'est-il passé ? me demande le jeunot-aux-yeux-bleu-mer-qui-daaaanse.

– Ben… heu, je cuisinais et…

– Il y a seulement eu de la fumée ?

– Ben… heu… Oui. Non, pas de feu à éteindre. Vous voulez du feu ? *(Ouille.)*

– …

– Je veux dire… En tout cas, il n'y a pas eu de feu « réel ». J'en ai quand même éteint plusieurs depuis quelques minutes…

– …

– Vous pouvez cesser de me regarder comme ça ? C'est déjà assez gênant de se faire prendre les « mitaines à terre » sans que j'aie l'impression de me faire engloutir par un océan entier !

À ce moment, c'est carrément un tsunami de points d'interrogation qui s'abat sur moi.

– Laissez faire. C'est les tuyaux. *(Re-ouille.)* Heu... Vos yeux. *(Re-re-ouille !)* L'émotion, je veux dire.

Le jeunot-aux-yeux-bleu-mer-qui-daaaanse note quelque chose dans son carnet et repart, le rabat de son casque au vent *(ben quoi, Ally McBeal voyait bien une licorne, elle)*.

Rien à faire. Chez moi, c'est toujours sens dessus dessous. Je HAIS la banlieue. Je hais les ensembles Baby Gap *(bon, OK, peut-être pas tant que ça)*. Je hais le lait *(tout court)*. Aller au parc *(surtout)*.

C'est décidé : je vais désormais cuisiner tous les soirs. Qui vient souper chez nous ?

PETIT TRÉSOR AUX OLYMPIQUES

Extrait du journal *Ça presse*, édition du 25 août 2022.

Ouagadougou – Pour la première fois, une athlète a remporté l'or dans trois disciplines olympiques. La Canadienne Petit Trésor a d'abord pris la plus haute marche du podium du 400 mètres haies lundi, avant d'enchaîner avec la natation le lendemain et avec le trampoline hier matin. Elle participera également à la compétition de lancer d'ordinateurs hyperportables demain, qui a succédé au défunt lancer du cellulaire aux jeux Olympiques de Dubai.

L'athlète, qui se dit fière de ses racines africaines et heureuse de vivre ses premiers Jeux sur le continent de ses ancêtres paternels, se souvient de sa découverte de l'athlétisme. « *Chez nous, c'était tellement le bordel que j'avais pris l'habitude de sauter par-dessus les brassées de vêtements sales que ma mère laissait traîner dans le corridor. J'aimais tellement courir que mon père m'a appris à prendre la position de départ alors que je n'avais pas encore dix-huit mois. Le jour où j'ai plongé en bas de mon lit-cage, ma mère a bien cru voir en moi la prochaine Alexandre Despatie, mais j'avais plus de plaisir à faire le poisson dans mon bain. Devant mon insistance, elle m'a inscrite à des cours de natation.* »

Le trampoline a pour elle été la suite logique de sa bonne vieille habitude de sauter sur les lits. « *Mes parents voyagent beaucoup. Enfant, j'avais pris l'habitude d'aller sauter sur les lits des chambres d'hôtel après avoir trouvé la bible qui était toujours cachée dans un tiroir.* »

Quant à son amour pour le lancer d'ordinateurs – discipline qu'elle avoue préférer entre toutes –, il résulte d'un attachement profond aux vieux gadgets techno de son enfance. « *Je n'avais pas deux ans que je me baladais déjà avec le portable de ma mère, qui pesait alors plus de deux kilos ! Le jour où elle s'est procuré un EeePC – vous vous rappelez, ces gigantesques ordinateurs (l'écran mesurait près de 9 pouces !) qui faisaient fureur en 2008 ? –, j'ai commencé à le lancer dans l'escalier.*
Ma mère m'a interdit d'approcher l'objet dans un rayon de trois mètres, mais elle a reconnu mon talent et m'a permis de m'entraîner en lançant son vieux PowerBook dans notre minuscule cour arrière.
Le jour où j'ai fracassé la fenêtre d'un voisin, j'ai toutefois cru que c'était la fin de ma carrière. Elle m'a inscrite à des cours de yoga pour m'apprendre à respirer et à canaliser mon énergie, choses qu'elle n'arrivait pas à faire elle-même ! »

Mama cool

De l'énergie, Petit Trésor en a à revendre. Même si elle se considère d'abord comme une fille d'été, elle aime bien pratiquer quelques sports de glisse. *« Je compte prendre part aux prochains jeux Olympiques d'hiver en luge »*, dit-elle fièrement. Sa mère, qui vient d'entrer dans la pièce, s'exclame : *« Il faut bien que ça serve à quelque chose, toutes ces heures passées à glisser au (bip ! bip !) de parc ! »*

LES EXTRATERRESTRES

Une nuit d'août. Une douce brise entre par la fenêtre. Je dors à poings fermés. Puis, un bruit de chaînes et d'outils, au loin, vient me tirer de mes rêves. Je me lève pour voir qui est le salaud qui s'amuse à bricoler ainsi passé minuit, derrière chez nous, en début de semaine…

– Qu'est-ce que tu fais ? me demande Chéri.
– J'espionne. Je veux voir qui est le taré qui m'a réveillée.
– Viens donc te coucher…
– C'est bizarre, les phares de la voiture sont éteints. Comment peut-il voir ce qu'il fait ? Et puis, c'est quoi tout ce boucan ? Il essaie de voler les pièces des

voitures des voisins ? Pourquoi aucun système d'alarme ne se déclenche ? On a affaire à un pro. Ça se voit.
– Franchement !
– Ça ne s'entend pas, par contre. Me semble que si j'étais une voleuse, je m'arrangerais pour faire moins de bruit. J'essaierais de ne pas réveiller des voisines dans mon genre en tout cas ! Attends, il va voir à qui il a affaire...
– Marie ! Où tu vas ?!!
Je ne l'écoute plus. Je suis déjà dans la cuisine.
Je pense un instant sortir en robe de chambre, rouleau à pâte à la main et bigoudis dans les cheveux. Mais je n'ai ni robe de chambre, ni rouleau à pâte, ni bigoudis. J'allume les lumières, histoire de signifier au méchant criminel qu'il a tiré de son précieux sommeil une honnête citoyenne qui aimerait bien le battre à coup de rouleau à pâte, mais qui est trop nulle en cuisine pour que l'idée d'en acheter un ne lui ait jamais traversé l'esprit.
Quand je remonte, la voiture est disparue.
– Allez, viens dormir ! me lance Chéri, exaspéré.

Une dizaine de minutes plus tard, j'ai toujours les yeux grands ouverts. Chéri aussi.
– Et s'il avait planté une bombe sous la voiture d'un de nos voisins ? me risqué-je.
– Marie, pourquoi faudrait-il que la première bombe à exploser ici soit PRÉCISÉMENT à côté de chez nous ?
– Je ne sais pas. *(Temps de réflexion.)* Pour la même raison que des extraterrestres pourraient se poser sur le toit des voisins ? Tu sais, ceux, en face, avec un toit plat ? Ça ferait une parfaite piste d'atterrissage, tu ne trouves pas ? En tout cas, si moi j'étais une extraterrestre, il y a longtemps que...
– Marie ?
– Quoi ?
– Petit Trésor se lève dans deux heures.
– Merde.
– Bonne nuit.
– Bonne nuit.

Cinq minutes plus tard...

– Chéri, penses-tu que les extraterrestres savent poser des bombes ?
– BONNE NUIT !!!

CACHEZ CE SEIN

Dans le bain avec Petit Trésor.
Elle (s'approchant de ma poitrine) : – Je veux du lait de maman !
Moi : – Mais il n'y a plus de lait, ma chérie !
Elle : – Du jus ?

Ma fille me prend pour une machine distributrice.

DANS LA MERDE

Ma mère ne m'avait pas dit ça. Le pire dans la période d'apprentissage de la « propreté », ce ne sont pas les crottes en cavale *(qui se « sauvent » systématiquement dès qu'on baisse les culottes d'entraînement)*, mais les looongues périodes d'attente du Saint-Graal fécal.

Évidemment, c'est surtout le soir, juste avant le dodo, que Petit Trésor a une envie soudaine de s'asseoir sur le trône. Entre ses cent deux versions d'*Au clair de la lune* et ses variations sur un même hennissement *(elle fait une fixation sur les chevaux ces temps-ci)*, j'en profite pour passer un petit coup de fil à ma copine Isa, dont la fille, Coccinelle, est rendue à la même étape.

Moi : – Isa ? Ça va ?
Isa : – Oui ! Je suis encore devant le petit pot...
Moi : – Toi aussi ?
Isa : – Depuis vingt-cinq minutes...
Moi : – Tu te rends compte qu'on est en train de faire exactement ce qu'on trouvait ridicule il y a quelques mois à peine ?
Isa : – C'est-à-dire ?
Moi : – Vénérer le dieu de la Cuvette !
Isa : – J'avoue... Mais on n'est pas les seules : quand j'ai annoncé aux éducatrices de la garderie que Coccinelle avait fait son premier caca dans le pot, elles sont devenues tellement hystériques que je pensais qu'elles allaient sortir les bouteilles de champagne ! Et puis, mieux vaut quand même vénérer celui-là plutôt que celui du laisser-aller. Coccinelle a fait caca sur le tapis hier...
Moi : – Nooon !
Isa : – Si ! Mais ce n'est rien : la semaine dernière, le lendemain du nettoyage de notre canapé – dont la note s'élevait à 250 $! –, elle a marqué son territoire par une belle trace brunâtre...

Moi : – Ouach !
Isa : – Ça nous apprendra à la laisser se balader nue. C'est pour ça que je suis devant le petit pot depuis vingt-cinq minutes… sûrement trente maintenant !
Moi : – La dernière fois que j'ai voulu me sauver, Petit Trésor a elle-même voulu jeter son « cadeau » dans la toilette et en a mis partout. Je préfère donc rester vingt minutes accroupie plutôt que vingt minutes les deux mains dans la merde !
Isa : – On aurait pu opter pour la méthode radicale.
Moi : – C'est-à-dire ?
Isa : – Une copine m'a dit que sa fille était devenue propre en une semaine. Elle a simplement cessé de lui faire porter des couches. La petite détestait mariner dans son jus, alors elle est naturellement allée sur le pot.
Moi : – Yark !
Isa : – Et là, elle est enceinte de son deuxième enfant. C'est comme ça que ça se passe, non ? Une fois que les enfants sont propres, on est prêts pour un autre…
Moi : – *Oh my God !* Tu crois qu'ils font des couches en taille 6 ans X ?
Isa : – Hi ! Hi ! Hi !

Petit Trésor se lève, un sourire de victoire accroché au visage.
Moi (au téléphone) : – Isa, il faut que je te laisse, j'ai un petit derrière à essuyer !
Je jette le contenu du petit pot dans la toilette.
Petit Trésor : – Bye bye caca ! À bientôt !
« À bientôt ?!! » À cet instant précis, je prie le dieu de la Cuvette de garder précieusement le Saint-Graal...

NOIR OBAMA

Je sais, c'est con. Je n'arrête pas de penser à la mère de Barack Obama. Oui, elle est décédée il y a longtemps. N'empêche, chaque fois que j'entends que le quarante-quatrième Président des États-Unis est NOIR, je pense à la moitié qu'on annihile. Je le prends personnel. Comme toutes ces fois où je me fais demander « où je suis allée chercher ma fille » ou « si je suis bien la mère » de celle dont le teint est à mi-chemin entre le mien et celui de son père.

Plus de deux ans après la naissance de Trésor, les questions et les commentaires des badauds m'enragent toujours autant. Non, elle n'a pas mes cheveux lisses ni mon teint clair. Mais elle n'en est pas moins ma fille

biologique ! Devrais-je toujours ainsi revendiquer ma place dans son profil génétique ?
Ne vous méprenez pas : je suis hyper fière de ses racines africaines. Mais je suis aussi fière des miennes ! Surtout, je suis remplie d'orgueil à l'idée qu'une partie de moi fasse partie d'elle. J'aurais sûrement ressenti la même ferveur si j'avais adopté un enfant, remarquez. Sauf que je l'ai portée pendant neuf mois, ma fille. Mon sang coule dans ses veines.

En faisant part de mes réflexions à Chéri, j'ai cependant vite réalisé que nous ne voyions pas les choses sous le même angle.
Moi : – Ça m'énerve qu'on rabâche qu'Obama est noir ! Il est métis, bordel !
Lui : – S'il était un criminel, personne ne penserait à revendiquer son côté blanc. Maintenant, tout le monde veut se l'approprier. Laissez-nous au moins ça !
Moi : – Là n'est pas la question ! Obama n'est pas *que* noir, et ça, on a tendance à l'oublier. Ça m'agace de voir toujours les mêmes gros titres. « Premier Président

afro-américain ». Heu, allô ? C'est parce qu'il est *aussi* blanc que noir !
Lui : – Dès qu'il y a un mélange, ce n'est plus blanc. Quand tu n'es pas blanc, tu es noir ! Noir inclut tous les dégradés possibles quand on parle de race. Colin Powell est plus pâle qu'Obama, mais il est quand même vu comme un Noir.
Moi : – Es-tu en train de dire que notre fille est noire ?
Lui : – Oui, elle est noire.
Moi : – Pour moi, elle est mulâtre. Ni noire, ni blanche. Mieux : elle est les deux ! Une addition, pas deux « demi ». Dire qu'elle est noire, c'est comme m'effacer de sa vie...
Lui : – Tu crois que les gens la définiront ainsi ? Ils opteront pour ce qui est le plus visible !

C'est là que ça m'a frappée. Trésor sera toujours une minorité visible. Qu'elle vive au Canada, au Sénégal, pays d'origine de son père, ou ailleurs sur la planète, elle ne se fondra jamais à aucune foule. Elle sera toujours celle qui est un peu plus foncée ou un peu plus pâle. Jamais tout à fait « dans le ton ». Même sous son propre toit.

Perso, cette réalité m'apparaît comme un atout extraordinaire. Mais j'ai un peu peur de la période où les ados veulent à tout prix ressembler à tout le monde. Je ne parle même pas de racisme ici. Seulement de cette impression d'être en perpétuel décalage. Un sentiment que je connais très bien, même si mon sang est 100 % québécois. À cheval entre différentes cultures, je ne me sens plus tout à fait québécoise depuis mes périodes d'exil volontaire. Mais mon décalage à moi résulte d'un choix. Si ce décalage est « tatoué » sur notre corps dès la naissance, le voyage risque d'être un peu plus cahoteux. Ce n'est pas la discrimination à laquelle elle risque de faire face un jour ou l'autre qui me fait le plus peur. C'est plutôt la quête identitaire qui la frappera fort probablement.

Tant de choses définissent ce que nous sommes. Ne vaut-il pas mieux voir l'addition de toutes ces facettes *(Blanc + Noir)* plutôt que de simples fractions *(½ Blanc, ½ Noir)* ? L'important, c'est de ne pas oublier l'invisible !

LA TEMPÊTE

J'ai eu un choc en me levant ce matin-là. En regardant par la fenêtre, je me suis soudainement rappelé dans quel pays je vivais. Au moment où je me demandais où j'avais rangé mes bottes, en maudissant mes ancêtres d'avoir traversé un océan pour ça, Trésor a aperçu le tapis blanc qui recouvrait le sol.

– La neige ! La neige ! Youpi ! Youpi !
Elle irradiait de bonheur. Les yeux écarquillés, le sourire fendu jusqu'aux oreilles et la même ritournelle, en boucle :
– La neige ! La neige ! Youpi ! Youpi !
Tel Tom Cruise chez Oprah, elle trépignait sur le canapé sans quitter le paysage des yeux. Rien,

à cet instant précis, n'aurait pu la distraire de sa contemplation.
– La neige ! La neige ! Youpi ! Youpi !
Puis, histoire d'avoir une perspective différente de la scène, elle s'est mise à gambader d'une fenêtre à l'autre. Pas question de détacher son regard des flocons entassés sur les voitures, le trottoir, les toits...
– T'as vu, maman ? Le monsieur marche sur la neige !!!
Une toute petite seconde, elle a tourné le dos à la scène pour me regarder. Et c'est là, paf ! Que je me suis retrouvée en larmes dans mon salon.

J'ai oublié mes bottes, mon horreur du froid, de la neige qui se change en gadoue, qui se change en glace, qui se change en boue... J'ai oublié mon envie de fuir sous les tropiques dès que la rosée se transforme en givre *(et même avant)*, mon désir d'être ailleurs, n'importe où, pourvu qu'il fasse chaud et qu'on puisse vivre pieds nus.

J'ai vu la neige pour la première fois, immaculée, féerique, fabricante de bonheur. La neige dans les immenses yeux noirs de ma fille.
– La neige ! La neige ! Youpi ! Youpi !
J'ai pleuré parce que, comme chaque fois que je ressens si fort l'instant présent, j'ai eu peur qu'il m'échappe. Qu'on me l'enlève. Qu'on m'empêche d'en vivre d'autres. Dans ce présent, je voyais la promesse de tas de bonshommes de neige, de promenades en traîneau et de guerres des tuques. Et je voulais être là pour les vivre tous. Saisir chacun de ces instants fugaces. Les chérir comme autant de cadeaux qu'on déballe minutieusement pour ne pas en abîmer l'emballage.

À trente-quatre ans, mon plus grand rêve n'est plus de changer le monde, d'écrire des romans à succès ou de faire le tour de la Terre des centaines de fois. C'est de voir le plus grand nombre possible de premières neiges avec ma fille.

À MOI LE ROBOT-CLONE !

J'adore prendre soin de ma fille. mais je me passerais bien des négociations entourant la sieste et l'heure du dodo, des « non » à répétition quand elle réclame inlassablement des bonbons, et des longues « périodes d'attente involontaires » devant le petit pot.
Entre deux séances de méditation, accroupie en face dudit objet de culte, je me suis mise à fantasmer à l'idée d'avoir un double. Un clone ? Na. Il me faudrait une créature en tous points semblable à moi physiquement, mais sans mes failles émotionnelles. Une version « épurée » de moi et de mes multiples états d'âme. Une Mama Cool *intensity free*. Un robot-clone !

Contrairement à la copie en chair et en os, le robot-clone ne ressent rien. Il reste de glace devant les crises de larmes et ne fléchit jamais parce qu'il en a ras le pompon. Il résiste à la tentation de céder pour obtenir un peu de silence. De fourrer un biscuit dans la bouche de bébé pour le faire patienter un peu.
Ma jumelle en vis et en boulons pourrait rester une heure dans la salle de bains à entonner la même chanson dix fois de suite avec le même entrain.
Sans oublier de rappeler à Petit Trésor qu'on ne boit pas l'eau du bain et qu'il vaut mieux dire « caca » avant qu'il ne soit éjecté quand on joue dans l'eau.
(Évidemment, ce serait aussi mon robot-clone qui s'occuperait de ramasser les étrons flottants quand le message ne passerait pas.)
Plus question de faire le ménage ni de vider le lave-vaisselle : Mama Cool II le ferait sans rechigner. Je pourrais ainsi consacrer ces nouveaux moments libres à apprendre la géographie à ma fille : « Montre-moi où habite le pingouin du film *Happy Feet* ? Et Kung Fu Panda ? Et Britney Spears ? » L'histoire : « Il était une fois un prince nommé Johnny Depp qui vivait dans un

La fourmi a piqué ma main
la coquine la coquineu
La fourmi a piqué ma main
La coquine m'aimait bien
clic
La fourmi a piqué ma main
la coquine la coquineu
La fourmi a piqué ma main
La coquine m'aimait bien
clic
La fourmi a piqué ma main
la coquine la coquineu
La fourmi a piqué ma main
La coquine m'aimait bien
clic

beau château dans le sud de la France... »
La philosophie : « Maman a toujours raison ! »

Il faudrait bien sûr user de beaucoup d'astuce pour que Trésor ne découvre pas le pot aux roses. Voir sa mère en compagnie de son robot-clone pourrait lui causer un sacré choc ! N'empêche, le jeu de cache-cache en vaudrait la chandelle, ne serait-ce que pour les précieuses heures de sommeil matinales que Chéri et moi pourrions grappiller ici et là.
Et puis, avec un robot-clone, pas de risque de jalousie. Comment Chéri pourrait-il être tenté par la copie alors qu'il a déjà l'original ? Surtout si cette copie me ressemble en tout point, mais sans mes états d'âme. Aucun danger pour mon couple !

Quoique...

QUE PENSERA-T-ELLE DE SA MAMAN ?

Il y a des moments où j'oublie totalement que je suis mère. Mes pensées m'emportent dans leur tourbillon, faisant fi du temps qui a passé et du lieu où je me trouve. Puis, la petite voix de Trésor retentit et je sursaute. Où est sa mère ? Mais c'est moi, sa mère !

Jusqu'à la naissance de Trésor, la maman type que j'imaginais portait une permanente et collectionnait les coupons rabais des circulaires. Elle cuisinait trois repas par jour et repassait les vêtements de toute la famille. C'était la personne sur qui l'on pouvait toujours compter, avec un permis de conduire et un talent inné pour couper les franges trop court. Une créature

hybride sur fond jaune et marron, tout droit sortie des années quatre-vingt.
Manifestement, ma perception a besoin d'une mise à jour.

J'ai longtemps eu du mal à m'imaginer tenir un jour ce rôle *(surtout avec une permanente)*. Quand on me demandait si je voulais fonder une famille, je servais la même vieille rengaine : « Je ne peux pas faire ça à un enfant, être sa mère ! »… comme s'il s'agissait de la pire punition à infliger à un être humain. Et pourtant, je l'ai fait. Trésor recevra en héritage un condensé de mes apprentissages, de mes erreurs et de mes failles. Forcément, elle m'en voudra d'avoir agi comme ceci ou comme cela. Elle me dira qu'elle aurait préféré passer ses vacances au Québec plutôt que de bourlinguer aux quatre coins de la planète. Qu'elle aurait voulu du tofu à la place du bœuf. Qu'elle trouve ça cool, elle, de magasiner chez Walmart. Que mes gaffes lui ont bousillé le cerveau. Qu'elle aurait fait les choses autrement. Je le sais : je l'ai déjà dit à ma propre mère.

Aurais-je pour autant été mieux dans une autre famille ? Certainement pas, puisque je n'aurais pas été la même. Avec les années, j'ai appris à l'aimer, cette fille lunatique à la poitrine plate. J'ai compris que sans la rigueur de ma mère et la sévérité de mon père, je n'aurais pas façonné cette détermination sans bornes, ce désir d'aller au bout des choses sans fléchir et cette liberté de manger mon dessert avant ma soupe si j'en ai envie, bon. Trésor n'en est pas encore consciente, mais elle a une chance folle de nous avoir dans sa vie. Je le sais, car elle est déjà un être d'exception à l'âge de deux ans. Alors imaginez quand elle se sera forgé ses propres outils et se sera affranchie de nos travers !

J'ai les cheveux raides, je ne sais pas tenir un budget et j'excelle dans la mémorisation des restaurants qui font la livraison, mais ne me demandez pas de réussir une omelette. La dernière fois que j'ai voulu repasser, j'ai laissé l'empreinte du fer sur ma chemise. Je prends le métro, le taxi, le train, l'autobus et l'avion. Aucune intention de devenir propriétaire d'une voiture avant la fin du prochain millénaire. Nous vivons dans un condo et notre toiture est à refaire.

Pourtant, quand Trésor dit « *maman* », je me sens comme le centre de l'univers. J'espère simplement que quand elle sera mère à son tour, elle ne me reprochera pas trop de l'avoir élevée sur un fond rose bonbon...

LE JOUR DE LA MARMOTTE

Parfois, j'ai l'impression de revivre la même journée encore et encore…

7 h 35 : Trésor me tire du lit.
7 h 50 : Dents brossées, mains lavées, allez hop ! Petit déjeuner.
8 h 5 : Avec l'aplomb de ses deux ans et deux mois, Trésor débarque dans la cuisine avec un sombrero.
« Maman ! Je mets le costume du chapeau ! »
8 h 15 : Je laisse ma fille chérie devant la télé le temps d'aller prendre une douche.
8 h 30 : Je la trouve assise sous la table, en train de manger des feuilles de thé.
8 h 34 : Je me demande quels sont les effets secondaires de l'ingestion de feuilles de thé.

Ma fille sera-t-elle en mode « speed » pour le reste de la matinée ? À moins que le thé ait des vertus hallucinogènes méconnues quand il est consommé sans eau ?
8 h 40 : « Maman, veux-tu de la soupe ? » me demande-t-elle en me tendant une chandelle. Tout est normal. Je m'en fais pour rien.
9 heures : Je convaincs Chéri d'aller la reconduire à la garderie même s'il a 38 731 931 travaux d'université à terminer.
9 h 10 : Dures négociations pour le choix des vêtements. Trésor veut mettre sa petite culotte rose, la seconde d'après, celle avec des ballons. J'attrape un pull, des bas, un jean et une culotte *(la blanche)* et délègue le dossier « convaincre-bébé-de-se-laisser-habiller » à Chéri.
9 h 30 : Trésor refuse de mettre son bonnet.
9 h 31 : Je lui mets son bonnet de force.
9 h 32 : Elle l'enlève en criant : « Touche pas à ma tête ! »
9 h 33 : Je la menace d'aller au coin.
9 h 34 : Elle se met à pleurer.

13H17
Zwiiip!

9 h 35 : Je la serre dans mes bras.
9 h 36 : Chéri arrive à la rescousse.
9 h 39 : J'essuie sa dernière larme. « Touche pas à mes nœils ! »
9 h 40 : « C'est pas drôle, martèle Trésor, outrée par les éclats de rire de ses parents. Pas drôle du tout ! Je ne suis pas contente ! »
9 h 42 : Bonnet en place. Reste maintenant les mitaines et le manteau…
9 h 45 : Le tandem est en route pour la garderie.
9 h 46 : Je pousse un grand soupir. Pause Twitter.
10 h 2 : Facebook, Wordpress, Qik…
10 h 35 : À l'attaque ! J'ouvre Word et je me mets en mode boulot.
13 h 15 : Merde ! J'ai oublié d'aller chercher Trésor ! J'enfile un jean par-dessus mon pantalon de pyjama, des bottes et un manteau.
13 h 17 : Je sors de la maison en courant.
13 h 25 : Je cours au ralenti. En réalité, je patine plus que je ne cours. *Fuck* l'hiver.
13 h 30 : « Maman ! Maman ! » L'accueil de ma fille me réchauffe un instant.

13 h 32 : Elle me refait le coup du bonnet...
13 h 45 : Trésor me raconte qu'Éli l'a encore giflée, qu'Amy est allée en punition, qu'elle a mangé du brocoli et qu'elle n'aime pas ça, elle, quand on lui donne une tape.
14 heures : C'est l'heure de la sieste. « Moi je ne veux pas dormir ! » *(Effets secondaires du thé, à retardement ?)*
14 h 10 : J'entends les pas de ma tornade. Je planque les bretzels et les bonbons. Du coup, je réalise que j'ai oublié de prendre un vrai repas ce midi. Oups.
14 h 12 : J'aperçois le sombrero dans l'embrasure de la porte. Trésor entre, flambant nue. «Je vais à la mer-e ! Je vais à la mer-e ! »
14 h 14 (note à moi-même) : Retirer l'épisode « Tchoupi au bord de la mer» de ma liste de favoris sur YouTube.
14 h 25 : Je peux replonger dans l'exploration des allées virtuelles d'Etsy.com... et travailler, accessoirement.
16 h 40 : Ma princesse revient du pays des rêves.

17 h 20 : Il faudrait bien qu'on bouffe, non ? On se fait livrer du poulet ou du sushi ?
17 h 22 : Ce sera du sushi.
19 h 30 : « Non ! Moi, je ne veux pas prendre mon bain ! »… Moi, je me glisserais bien dans un bain chaud…
20 h 45 : Premier commando dodo.
20 h 55 : Re-commando dodo.
21 h 5 : Re-re-commando dodo…
23 h 50 : À mon tour d'aller au lit. C'est quoi cette bosse sous mon oreiller ?
23 h 52 : Je mange quelques bonbons et bretzels bien calée sous les couvertures…

MAMAN LAST CALL, PAR CHOIX

Plusieurs de mes copines ne veulent pas d'enfants. Mais est-ce vraiment une décision immuable ?

Je ne calcule pas le nombre de fois où j'ai entendu ma copine Véro, agent de bord, me répéter qu'elle n'avait pas la fibre maternelle.
– Comment peux-tu en être sûre ?
– Je le sais, c'est tout. Je veux voyager. Continuer à vivre comme je le fais. J'ai besoin de ma liberté.
La même conversation aurait pu avoir lieu il y a dix ans, deux ans… ou six mois. Alors forcément, hier, quand elle m'a demandé de m'asseoir avant de lire son message sur Facebook, l'annonce d'une grossesse

est la dernière chose qui m'a traversé l'esprit ! Coup de fil dans les minutes qui ont suivi.

Moi : – Depuis quand as-tu un amoureux, toi ?
Véro : – Bientôt six mois.
Moi : – C'est un accident ?
Véro : – Quoi, l'amoureux ?
Moi : – Mais non ! Le bébé !
Véro :– Non !
Moi : – Je ne te suis plus, là… Aux dernières nouvelles, tu ne pensais qu'à voyager !
Véro : – J'ai changé d'idée.
Moi : – …
Véro : – Je connais mon chéri depuis trente ans. Il a déjà deux enfants. Il a vécu avec leur mère pendant dix-huit ans. C'est allé très vite quand on s'est mis à se fréquenter. Un jour, j'ai eu du retard dans mes règles. J'ai passé un test de grossesse. Il s'est avéré négatif. C'était étrange, je ressentais de la déception !
Moi : – Et c'est ce qui t'a décidée à faire le grand saut ?

Véro : – Peu après, je suis allée garder la fille d'une copine. Ça s'est très bien passé. C'est devenu clair à mon retour : je voulais devenir mère.
Moi : – C'est tout ?
Véro : – C'est tout ! Enfin.... C'est vraiment mon amoureux qui m'a fait entrevoir la vie avec un enfant d'une autre façon. Honnêtement, je n'en aurais pas voulu avec un autre homme. J'ai toujours été super égocentrique. Moi, moi, moi et mes voyages. Certains voyaient ça comme de l'indépendance, moi, comme de l'autonomie. Avec lui, j'ai compris ce qu'était partager sa vie avec quelqu'un, un concept qui m'était tout à fait étranger. J'ai eu la sensation que ça pouvait être agréable, que ça ne m'enlèverait pas ma liberté.
Moi : – N'empêche, avoir un enfant implique un million de trucs ! Pas plus de questionnements ?
Véro : – Si je me pose trop de questions, je risque de me mettre à hésiter. J'ai vraiment envie de plonger. Ma certitude provient d'une sensation, donc c'est plutôt difficile à expliquer rationnellement...
Moi : – Et ton chéri n'a pas eu de doutes, lui ?
Véro : – Non, il adore les enfants.

Moi : – Il y a quand même une marge entre aimer les enfants et en faire un tout neuf avec sa nouvelle copine !
Véro : – Oui, mais il se sentait prêt à revivre l'aventure avec moi.
Moi : – Et les voyages dans tout ça ? Tu vas emmener ton bébé partout ?
Véro : – Je ne pense pas. J'ai réalisé que je l'avais fait, ce trip-là. Je suis prête à vivre autre chose. Je vais me stabiliser un peu. Je n'aurais jamais cru dire ça un jour !
Moi : – Et moi, je n'aurais jamais cru l'entendre !
(Rires.)
En lui parlant, je clique sur la page de son profil Facebook. Sur sa photo, Véro arbore une perruque rose et des lunettes roses. Je m'esclaffe en l'imaginant tenir un poupon dans ses bras.
Moi : – Donc, vous avez vraiment DÉCIDÉ de faire un bébé ?
Véro : – Oui, quatre mois après le début de nos fréquentations officielles. Je suis tombée enceinte tout de suite, du premier coup.

Je pense à toutes ces femmes qui tentent désespérément de procréer à la fin de la trentaine. Décidément, mon amie restera en marge des statistiques jusqu'à sa mort.

Moi : – Tu es vraiment contente ?

Véro : – Oui, vraiment !

Moi : – Et la Mongolie ? Ça fait si longtemps que tu voulais y aller ?

Véro : – Je vais plutôt utiliser mes économies pour profiter de ma grossesse à la maison. Je suis devenue femme au foyer !

À l'autre bout du fil, je l'imagine en train de sourire. Ce même sourire qui illumine son visage chaque fois qu'elle s'apprête à fouler le sol d'un nouveau pays. La maternité comme destination finale ? À moins que ce ne soit le début du plus merveilleux de ses voyages... Chose certaine, 2009 s'annonce remplie de surprises !

AVIS DE RECHERCHE !

Drame. Le pot de Nutella est porté disparu. La dernière personne à l'avoir aperçu est Petit Trésor.

Moi : – Tu es sûre que tu ne sais pas où il est ?
Elle :– Non !
Moi : – Sûre sûre ?
Elle : – Oui !
Et elle repart jouer avec sa pâte à modeler.

Je fouille les armoires de fond en comble. Rien.
Je regarde dans son coffre à jouets. Dans les placards.
Le réfrigérateur. Sous le canapé. Niet, niet, niet.

Puis, en me penchant pour ramasser une cuillère sur le sol, je l'aperçois sur un tabouret, dans un coin de la salle à manger.

Moi : – Trésor, que fait le pot de Nutella là-bas ?

Elle : – Il est en PU-NI-TION.

Moi : – Tu as mis le pot de Nutella au coin ? Pourquoi ?

Elle : – Oui. Il est MÉ-CHANT.

C'est pas moi qui l'ai dit.

WANTED : PÈRE NOËL

Je suis certaine que le Père Noël pue des pieds. Qu'il souffre de cholestérol. Qu'il fait tremper sa barbe dans l'eau de Javel. Que sa hotte est *made in China*. Qu'il s'envoie quelques « caribous » en cachette entre deux livraisons de cadeaux. Et qu'il prend Mère Noël pour acquise. Alors pourquoi devrais-je l'ériger en héros aux yeux de ma fille ?

Avouez qu'on sait bien peu de choses sur le gros barbu. Il a été le porte-étendard d'une grande marque de boisson gazeuse et a un favori parmi ses rennes. Il arbore le même ensemble pas très tendance rouge et blanc depuis les années cinquante. Il se fait parfois appeler saint Nicolas. Messire, tant qu'à y être !

Quelle idée d'idolâtrer quelqu'un qui entre dans les maisons par la cheminée ! Qu'est-ce qui nous dit qu'il ne pratique pas le « lancer de lutin » pour se divertir entre le 26 décembre et le Noël des campeurs ? Qu'il n'a pas usurpé l'identité d'un pauvre retraité qui espérait couler paisiblement le reste de ses jours au froid ? Que Rudolphe n'a pas le nez rouge parce qu'il le fait boire avec lui avant de conduire le traîneau ? Non, vraiment, je le range dans la même catégorie que Barney : les L.D.P. *(« Louches Détraqués Potentiels »).*
Ses origines sont trop nébuleuses pour ne pas éveiller de soupçons. Son lieu de résidence principal aussi, d'ailleurs. Certains disent qu'il vit près d'Oslo. D'autres, dans les environs de Stockholm ou même au Groenland. Le pôle Nord ? Encore un mythe américain. Comment ses rennes pourraient-ils s'y nourrir ? La Laponie est souvent évoquée. On raconte qu'il possède un chalet à Christmas Island, dans le Pacifique. Impossible de savoir où il se trouve exactement.

J'imagine très bien un film dans lequel il incarnerait le gentil, et Ben Laden, le méchant. L'un et l'autre seraient poursuivis pour des motifs bien différents : le Père Noël, par une horde de fans en délire qui voudraient mettre la main sur son Blackberry et dévoiler la liste des enfants pas sages sur Internet ; Ben Laden, ça, vous savez. Pas besoin de fiction avec une telle réalité. Traqués de toute part, leurs chemins se croiseraient dans un désert, alors que Père Noël s'adonnerait au nudisme *(je le savais ! Et sans crème solaire en plus !)* et que Ben Laden chercherait un nouveau trou pour se tailler la barbe en paix.
La suite se transformerait en genre de *Star Wars* chinois. En bon justicier, Père Noël voudrait capturer Ben Laden *(on apprendrait à la fin que sa motivation réelle était plutôt les 25 millions offerts pour sa capture)*. Il trouverait une oasis et marcherait sur la cime des palmiers. Le hic, c'est qu'il est dodu, le guerrier. C'est là que Rudolphe viendrait justifier son cachet d'acteur de soutien. Il attraperait son maître au vol. Se foutant éperdument d'être sur la liste noire de Brigitte Bardot, ce dernier le saisirait par les

pattes et utiliserait son nez comme sabre laser. Ben Laden se métamorphoserait en fantôme chinois et disparaîtrait dans la nature pendant que Père Noël s'autotrancherait la main avec son épée de fortune et deviendrait pote avec un vieux sage aux allures de martien *(en réalité un nain de jardin en cavale)*. Conclusion: la Force est une drogue dure.

Pas question que Trésor devienne une *drug addict* !

ON AURA TOUT VU

Une balade en famille par une journée d'hiver.

Petit Trésor : – Maman ! Maman ! J'ai oublié mes lunettes !
Moi : – Mais, ma Chérie, tu n'en as pas besoin, le soleil est sur le point d'aller se coucher.
Petit Trésor : – Justement, j'ai froid aux yeux !

LE COMBAT DES VIERGES

Vierge folle : – Ça fait plus de deux ans qu'on se dévoue totalement à la famille. Il est temps d'ajouter une touche de fantaisie à cette vie trop rangée.
Vierge sage : – Pourquoi ? En devenant mères, on était pourtant convenues que c'était moi qui prendrais le contrôle désormais. La fantaisie, on laisse ça aux autres !
Vierge folle : – En l'espace de quelques années, on est passées d'un croisement entre Samantha et Miranda à une version extrême de Charlotte. On pourrait au moins retrouver la Carrie en nous !
Vierge sage : – Laisse tomber les références à *Sex and the city (sooo nineties, malgré le film !)* et dis-moi plutôt ce que tu as en tête.
Vierge folle : – Un voyage éclair entre nous. Un long trajet comme on les aime tant, à regarder par la fenêtre, à divaguer et à refaire le monde. Bus ou train,

tu choisis. Quant à la destination, je pense que la question ne se pose même pas. T'as vu l'état de notre garde-robe ?
Vierge sage : – Mais Petit Trésor grandit si vite ! Malheureusement, le prix des vêtements pour bébé n'est pas proportionnel à leur taille...
Vierge folle : – T'as pas envie de nouveaux vêtements, pour toi ? D'un peu d'audace ? Je ne vois que du beige, du blanc et du noir ici. Ce n'est pas nous, ça !
Vierge sage : – Et le fric, on est supposées le trouver où ?
Vierge folle : – Sur notre compte. AVANT de payer les factures, l'impôt en retard et d'aller chez Costco...
Vierge sage : – On ne va jamais chez Costco.
Vierge folle : – Non, mais on est membres, par contre ! Aurais-tu pu imaginer cela il y a trois ans ?
Vierge sage : – Jamais...
Vierge folle : – Justement. Il est temps de retrouver notre spontanéité. Nos impulsions. Notre saveur. Notre identité. Notre folie !
Vierge sage : – Et tu voudrais qu'on aille où, au juste, pour ça ?

CRoâââ
CRoâ♥

Vierge folle : – New York, évidemment ! Seules. COM-PLÈ-TE-MENT seules. Comme au bon vieux temps.
Vierge sage : – « Le bon vieux temps »... Tu parles de l'époque où on rêvait de rencontrer le prince charmant et qu'on tombait systématiquement sur des crapauds ? Pfff...
Vierge folle : – Mais non ! Je parle de ces moments où on laissait les mots monter en nous sans leur demander de se taire parce que ce n'est pas le moment. De l'époque où la création était plus importante que tout. Où tout était possible. Où la page blanche nous apparaissait comme une bénédiction.
Vierge sage : – Elles m'ont toujours fait peur, les pages blanches...
Vierge folle : – Pas moi. Elles ont toujours été le symbole de l'ultime liberté. Dans le vide, il y a aussi l'espoir. Tout peut arriver quand on se retrouve devant une page blanche !
Vierge sage : – Tout... même le pire.
Vierge folle : – Pis ? On avait l'impression d'être en vie ! Là, on est en train de devenir de vraies matantes.

Vierge sage : – Matantes ? Jamais ! Tu te rappelles notre pacte quand Petit Trésor est né ? « Maman, mais pas matante ! »
Vierge folle : – Et comment ! Allez, il est le temps de revenir à la base. *Me, myself, and us.* Tu vas voir, quarante-huit heures, ça passe vite !
Vierge sage : – *Me, myself, and us.*
Et *Skype* pour pouvoir chatter avec Chéri et Petit Trésor pendant le voyage !

MAMA AND THE CITY

Un après-midi, à New York…

Moi (en larmes, tentant de convaincre un chauffeur de taxi de me laisse monter à bord même s'il a terminé son quart de travail) : – Monsieur, je vous en prie, je vais rater mon bus ! Il part dans vingt minutes et je dois passer chercher mes bagages. Ça fait une heure que je cherche un taxi.
Et ma fille… Ma fille… Je m'ennuie de ma petite fiiiiiiille !
Je ne peux pas manquer mon buuuuuus ! *(Sanglots.)*
Chauffeur de taxi : – C'est le changement de shift. Je ne peux pas. Attendez devant la banque, là-bas, et vous trouverez.

Une heure. Ça fait une heure que j'essaie d'attraper un taxi. De Broadway, je suis allée jusqu'à Sixth Avenue puis, devant mon désarroi, un chauffeur de taxi *off duty* m'a emmenée *(gratos)* jusqu'à une intersection où, semble-t-il, je devrais enfin trouver un véhicule. Mais non. J'ai beau agiter le bras comme si ma vie en dépendait, je ne vois que des voitures occupées ou hors service. Je n'en peux plus, j'ai chaud, j'ai soif, j'ai trop dépensé et l'idée de ne pas voir Petit Trésor avant demain me rend dingue *(c'est le dernier bus de la journée)*.
Bienvenue à New York, Mama Drama !

*
* *

Flashback. Je décide de m'offrir mon premier quarante-huit heures en solo. Une sorte de test pour :
1) me prouver que je peux encore voyager seule ;
2) m'offrir une séance de shopping extrême, moi qui ne me suis contentée que des basiques essentiels

depuis la naissance de ma fille ; 3) mettre un peu de fantaisie dans ma vie trop bien rangée ; 4) prendre un bon bol d'air pollué. L'idée de ma balader de Soho à Greenwich Village à mon rythme, en arrêtant là où je veux, quand je le veux – pas parce que je dois changer une couche, donner un boire ou gérer une crise ! – me rend extatique.

Dans le bus de nuit qui m'entraîne vers la Grosse Pomme, tout le monde roupille. J'ai deux sièges pour moi seule. Le bonheur ! Puis, les douanes. Une fois les passagers de retour à leur place, un mec à l'air nerveux entre. Devinez où il vient s'asseoir ? Eh oui. À côté de moi. Quand je parviens enfin à fermer l'œil, je me fais réveiller par l'étrange impression d'être écrasée par quelque chose. À deux centimètres de mon visage, son crâne dégarni *(avec quelques mèches bien laquées)* me rappelle où je suis. Je me fais encore plus petite sur mon banc... Hormis cet incident, le reste du voyage se déroule comme un charme. En déambulant dans la ville, je ne pense à rien. Simplement au plaisir d'être là, à m'emplir les yeux de nouvelles images et à acheter des bottes à talons hauts ! Je suis bel et bien de retour dans le monde des femmes. La maternité, c'est bien, mais c'est un ajout *(majeur, me direz-vous, et je suis d'accord !)*, pas quelque chose qui doit soustraire des facettes à ce que nous sommes. Et moi, j'ai toujours été du type *running shoes* et talons hauts.

*

* *

J'ai l'impression d'être en plein cœur d'un film typiquement américain. Sauf que là, l'héroïne ne court pas pour retrouver son peut-être-futur-amoureux, mais sa petite fille.
J'ai fini par trouver un taxi et par récupérer mes bagages *(beaucoup plus lourds qu'à l'arrivée !)*. Mais comme c'est dimanche, certaines rues sont fermées à la circulation. Le chauffeur de taxi m'indique le trajet pour faire le reste à pied. J'ai moins de cinq

minutes pour arriver au terminus et trouver la porte d'embarquement...
Je cours en pensant à Chéri et à Petit Trésor, que j'aime profondément et qu'il me tarde de retrouver. Aux mini-Puma et autres accessoires de bébé que je n'ai pas pu m'empêcher d'acheter, même si je m'étais promis d'être 100 % égoïste pendant deux jours. Je cours en pensant à la vie qui change, mais à nous qui restons les mêmes, au fond.

Je cours parce que j'ai toujours couru. Que je courrai toujours.
Avec ou sans talons hauts.

P.- S. : Oui, je suis arrivée à temps !

TABLE DES MATIÈRES

Table des matières

Composition : Compo-Méca s.a.r.l.
64990 Mouguerre

Dépôt légal : Avril 2009
ISBN 13 : 978-2-7499-1027-7
LAF 1205

Achevé d'imprimer au Canada
sur papier Enviro 100 % recyclé

sur les presses de Imprimerie Lebonfon Inc.